意外に知らない?!

最新 働き方の ルールブック

寺島戦略社会保険労務士事務所
代表・社会保険労務士
寺島 有紀 編著 ＋ 寺島戦略社会保険労務士事務所
社会保険労務士
大川 麻美 著

アニモ出版

はじめに

　本書を執筆するにあたり、私自身が社会保険労務士として企業の労務に携わってきた過去10年前のことを何度も思い起こすことがありました。

　この10年で、日本の労働環境は急激に変わってきたと、労務の実務の最前線にいて、私自身が肌で感じています。

　たとえばかつては、いまのように労働時間の上限規制はなく、残業は３６協定があれば100時間を超えるような設定も許されていました（固定残業代が60時間を超えて設定されているような中小企業も多くありました）。

　また、いまでは年次有給休暇の５日取得義務との兼ね合いで、会社が従業員に「年次有給休暇を取得してくれませんか？」と積極的に働きかける時代ですが、10年前の年次有給休暇の取得率はいまのように高いものではありませんでした。

　さらに10年前には、パワハラ防止法も存在していませんし、セクハラについて性的マイノリティ等への社会の理解はいまほど進んでいませんでした。このようにハラスメントへの意識は、いまよりもずっと薄かったように思います。

　2022年に創設された男性版産休も、すでに筆者の事務所でも相談を受けることが多くなってきていますが、社会にそう大きな違和感なく受け入れられているように感じます。しかし10年前は、男性が育休を取得するということ自体がかなり珍しいことで、こうした男性の育児に関する相談は、当時はほぼなかったように記憶しています。

　加えて現在では、企業としては従業員に対し自社の育児休業制度の説明義務も始まっていますし、育児休業を取るかの意向確認、つ

まり、育児休業取得への積極的な働きかけが義務化されています。

　本書は、労務の基礎的な知識を網羅的に解説することをめざして執筆しましたが、随所に「◯年の法改正により…」という直近の改正点がわかるように意識して執筆しています。

　そのため、読み進めていただくと、近年の法改正の多さに気づいていただけると思います。これは、現時点での最新知識という点を強調する意味のほか、上述のように私たちの働く環境が「いかに急激に変わってきたのか」ということを強調する狙いもあります。

　つい最近まで正しかった知識がすぐに、誤った知識になってしまう…、知らなかった改正点が意外に多くある…。労務（だけではないと思いますが）は、そういった急激な変化の流れのなかに、いままさに置かれているといえます。

　そもそも、私たちを取り巻く社会構造が急激に変化するなか、この社会を支える源である「労働」に関する法律や社会意識が影響を大きく受けるのはいわば当然のことといえます。

　本書の知識もまた数年すると、古いものになってしまうかもしれないということを覚悟しつつ…、本書がいままさにこの変化の激流のなかにいる企業の労務担当者や、企業で働く人、就活中の人、皆さまの労務知識のブラッシュアップや、新たな気づき等に多少なりともお役立ていただけたなら幸いです。

2023年10月　　　　　　　　寺島戦略社会保険労務士事務所
　　　　　　　　　　　　　　代表・社会保険労務士　寺島　有紀

本書の内容は、2023年10月20日現在の法令等にもとづいています。

意外に知らない?! 最新 働き方のルールブック

もくじ

3章
休日・休暇のルールを理解しておこう

CONTENTS

4章
育児・介護休業制度を理解しておこう

5章
賃金・給与のルールを理解しておこう

6章
人事異動のルールを理解しておこう

CONTENTS

7章
ハラスメントの知識を身につけよう

8章
服務規律・懲戒のルールを理解しておこう

9章
退職・解雇のルールを理解しておこう

CONTENTS

10章
多様化する働き方を知っておこう

カバーデザイン◎水野敬一
本文DTP＆図版＆イラスト◎伊藤加寿美（一企画）

第 1 章

いろいろな雇用形態と その特徴を理解しよう

大きく正社員と
非正規社員に分
かれますね。

非正規社員には
いろいろな種類
があります。

1-1 正社員と契約社員の違い

 雇用形態とは

　企業で働くにあたっては、「どのような**雇用形態**で働くのか」という選択は非常に重要です。

　「**雇用形態**」とは、企業と従業員との間で締結する**雇用契約の種類**のことをいいます。

雇用契約

　「**雇用契約**」とは「労働者（雇用される側）が使用者（雇用する側）のもとで労働に従事する代わりに、使用者がそれに対する賃金を労働者に支払う約束をする契約」のことを指します。

　雇用契約を結ぶにあたっては、**労働基準法**という法律によって、必ず盛り込まれなければならない労働時間や休日、休暇、賃金等の**労働条件**（「**絶対的明示事項**」といいます）を記載した労働条件通知書を発行することにより、労働条件を明示することが必要となっています。

　雇用契約を締結することによって、労働者は、社会保険・労働保険等の社会保障の対象になり、労働基準法という労働時間、休日等の使用者が守らなければならないルールに保護されます。

　一方で、雇用契約ではない働く形として、フリーランス等の「**業務委託契約**」があります（フリーランスについては、10-6項で解説します）。

　雇用契約の種類には、一般に正社員、契約社員、パートタイマー・アルバイト、派遣社員などがあります。

それぞれがどのような形態になるのかを、見ていきましょう。まず、正社員と契約社員については以下のとおりです。

正社員とは

「正社員」とは、契約期間の定めがない「無期雇用」で、所定労働時間が1日8時間・週40時間のフルタイムで働く雇用形態を指すことが一般的です。

正社員は、日本の雇用慣行上、職務内容や異動の範囲に限定がないことが多く、企業の中核業務を担うことを想定して雇用されることが多くなっています。

契約社員とは

「契約社員」とは、契約期間の定めがある「有期雇用」で、通常半年～1年等で契約更新の手続きが行なわれることが多くなっています。

所定労働時間は多くの場合、正社員と同様で1日8時間・週40時間となっています。職務内容や異動の範囲等は、正社員と同じ場合もあれば、異なる場合もあり、企業によって違います。

契約社員の場合、一般的には正社員と異なり、賞与や退職金がないケースも多いです。ただし、1-7項で述べるように、2020年より「同一労働・同一賃金」の原則が定められたことによって、「正社員と非正規社員の間の不合理な待遇差」が禁じられ、以前よりも正社員との待遇差は改善している傾向にあります。

契約社員の場合、正社員との違いは何といっても、有期契約であるという点であり、契約期間によって雇用が終了する可能性もある形態です。

本人が希望しても、企業側の意思によって契約更新をしないという「雇止め」（やといどめ）もあり得るため、正社員よりも雇用の安定性という意味では劣ります。

正社員と
アルバイト・派遣社員の違い

　前項の続きです。パートタイマーやアルバイト、派遣社員の形態については、以下のとおりです。

パートタイマー・アルバイトとは

　「パートタイマー」や「アルバイト」については、契約社員と同様に契約期間の定めがあり、所定労働時間は正社員よりも短くなるのが一般的です。

　職務内容は、補助的・定型的な業務であることが多く、異動の範囲にも限定があるケースが多くなっています。

　所定労働時間はあらかじめシフト等で決められ、「週2日、5時間ずつ」といったように柔軟に働くことができますが、短時間労働かつ補助的・定型的な軽易業務で責任の範囲も狭いことが多いため、正社員・契約社員と比べると待遇は落ちることが一般的です。賞与・退職金はないケースが多いでしょう。

　また、所定労働時間が短いということによって、社会保険の加入等についても正社員・契約社員とは異なってきます。

　なお、パートタイマーとアルバイトという用語は使い分けられていることも多いですが、どちらも法的な定義があるわけではありません。

　ただ一般に、パートタイマーというと主婦等の短時間労働をイメージすることが多く、アルバイトというと高校生・大学生等の学生アルバイトを指していることが多いようです。

◎派遣社員のしくみは他の雇用形態とは異なる◎

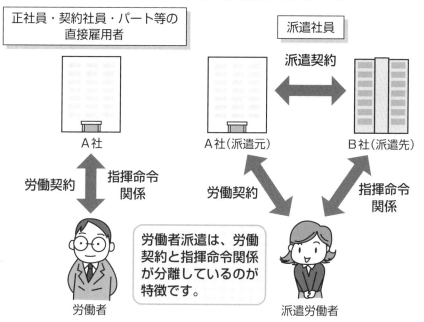

正社員・契約社員・パート等の
直接雇用者

派遣社員

A社

A社（派遣元） 派遣契約 B社（派遣先）

労働契約 指揮命令
関係

労働契約 指揮命令
関係

労働者 派遣労働者

労働者派遣は、労働
契約と指揮命令関係
が分離しているのが
特徴です。

 派遣社員とは

「**派遣社員**」とは、人材派遣会社（派遣元）との間でのみ雇用契約が締結され、かつ雇用契約のない他の企業（派遣先）に派遣される形態をいいます。

派遣社員は、実際に働く派遣先企業との間には雇用関係がなく、派遣元である人材派遣会社との間でしか雇用関係はありません。

ただし、実際の日々の業務の指示は派遣先から受けることになります。

なお、派遣社員は、同じ職場で働くことができる最長期間などが決められていることもあり、雇用はやや不安定といえます。

一方で、派遣社員は労働日数や労働時間などを柔軟に設定できることが多く、働き方に幅をもたらすことができるというメリットはあります。

1-3 有期契約の無期転換ルール①

有期契約は不安定な雇用形態

　1－1項で、正社員の一般的な特徴として、雇用期間に定めのない「無期雇用」であるということ、一方、契約社員やパートタイマー・アルバイトは雇用期間に定めのある「有期雇用」であると述べました。

　有期雇用の場合には、契約期間に定めがあるという点で、その契約期間が満了した後も引き続き継続雇用されるかは企業の判断に委ねられます。

　そのため有期雇用については、無期雇用よりも不安定な雇用形態といえます。

有期契約の５年無期転換ルールとは

　しかし、2013年４月に労働契約法という法律が改正されたことにより、有期契約の「**５年無期転換ルール**」というものが始まっています。

　これは、同一の企業との間で有期労働契約が５年を超えて更新された場合は、有期契約労働者からの申込みにより、本人の労働契約が期間の定めのない無期労働契約に転換されるというルールのことです。

　企業がこの申込みを断わることは法律上認められておらず、有期契約労働者が企業に対して無期転換の申込みをした場合には、無期労働契約が成立します。

　たとえば、契約期間が１年の有期雇用契約の場合は、５回目の更新後の６回目の契約期間中の１年間に無期転換の申込権が発生しま

◎有期契約の無期転換ルールのしくみ◎

契約期間が1年の場合

5回目の更新後の1年間に無期転換の申込権が発生します。

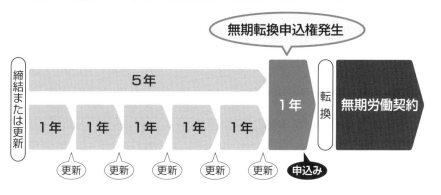

契約期間が3年の場合

1回目の更新後の3年間に無期転換の申込権が発生します。

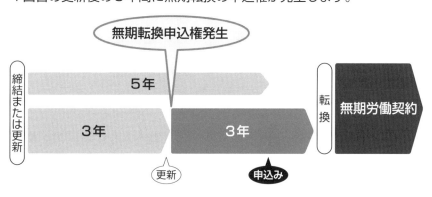

（※）平成25（2013）年4月1日以降に開始する有期労働契約が対象です。

すが、契約期間が3年の場合は、1回目の更新後の2回目の契約期間中の3年間に無期転換の申込権が発生し、申込みが行なわれると2回目の契約期間満了後に、無期労働契約が成立することになります。

有期契約の無期転換ルール②

  無期転換制度はより一層活用される流れに

　有期契約の5年無期転換ルールについて誤解が多いところなのですが、無期転換ルールとは、「正社員転換ルール」ではありません。

　つまり、無期契約転換後についても、それまでの賃金・労働時間・職務・勤務地といった労働条件は、就業規則や雇用契約に別段の定めがない限り、転換前の有期雇用契約時のものと同一になります。

　また、この有期契約の5年無期転換ルールですが、2024年4月に、無期転換制度がより一層適切に活用されるよう、以下の事項が義務づけられる改正が見込まれています。

- 労働条件を明示する際に、労働条件通知書において通算契約期間または有期労働契約の更新回数の上限、就業場所・業務の変更の範囲を明示する。
- 無期転換申込権が発生する契約更新時に、労働条件通知書において無期転換申込機会と無期転換後の労働条件を明示する。

　この改正により、企業側では労働条件通知書の様式への追記や、従業員への説明が必要になります。

　これまでは、企業として積極的に無期転換権について有期契約労働者に伝えずとも許されてきたものが、この改正によってうやむやにできなくなるため、有期契約労働者の無期転換はより推進されていく流れになると考えられます。

　企業の人事労務担当者はもちろんですが、有期契約で働いている人、働こうと思っている人についても、この5年無期転換ルールについては覚えておきたい論点です。

◎無期転換制度に関する説明等を織り込んだ労働条件通知書の例◎

イメージ

(一般労働者用；常用、有期雇用型)

労働条件通知書

年　　月　　日

＿＿＿＿＿＿＿＿＿　殿

事業場名称・所在地
使用者職氏名

契約期間	期間の定めなし、期間の定めあり（　　年　月　日～　　年　月　日）
	※以下は、「契約期間」について「期間の定めあり」とした場合に記入 1　契約の更新の有無 [自動的に更新する・更新する場合があり得る・契約の更新はしない・その他（　　　　）] 2　契約の更新は次により判断する。 ・契約期間満了時の業務量　　・勤務成績、態度　　　　・能力 ・会社の経営状況　・従事している業務の進捗状況 ・その他（　　　　　　　　　　　　　　　　　　　　　　　　　） 3　更新上限の有無（無・有（更新　　回まで／通算契約期間　　年まで）） 【労働契約法に定める同一の企業との間での通算契約期間が5年を超える有期労働契約の締結の場合】 　本契約期間中に会社に対して期間の定めのない労働契約（無期労働契約）の締結の申込みをしたとき は、本契約期間の末日の翌日（　年　月　日）から、無期労働契約での雇用に転換することができる。こ の場合の本契約からの労働条件の変更の有無（　無　・　有（別紙のとおり）） 【有期雇用特別措置法による特例の対象者の場合】 　無期転換申込権が発生しない期間：　Ⅰ（高度専門）・Ⅱ（定年後の高齢者） 　Ⅰ　特定有期業務の開始から完了までの期間（　　　年　　か月（上限10年）） 　Ⅱ　定年後引き続いて雇用されている期間
就業の場所	（雇入れ直後）　　　　　　　　　　　　（変更の範囲）
従事すべき 業務の内容	（雇入れ直後）　　　　　　　　　　　　（変更の範囲） 【有期雇用特別措置法による特例の対象者（高度専門）の場合】 ・特定有期業務（　　　　　　　開始日：　　　　　完了日：　　　　）
始業、終業の 時刻、休憩時 間、就業時転 換（(1)～(5) のうち該当す るもの一つに ○を付けるこ と。）、所定時 間外労働の有 無に関する事 項	1　始業・終業の時刻等 (1) 始業（　　時　　分）　終業（　　時　　分） 【以下のような制度が労働者に適用される場合】 (2) 変形労働時間制等；（　　）単位の変形労働時間制・交替制として、次の勤務時間 の組み合わせによる。 ・始業（　時　分）　終業（　時　分）（適用日　　　　　） ・始業（　時　分）　終業（　時　分）（適用日　　　　　） ・始業（　時　分）　終業（　時　分）（適用日　　　　　） (3) フレックスタイム制；始業及び終業の時刻は労働者の決定に委ねる。 　　　　　（ただし、フレキシブルタイム（始業）　時　分から　時　分、 　　　　　　　　　　　　　　（終業）　時　分から　時　分、 　　　　　　　　　コアタイム　　　　　時　分から　時　分） (4) 事業場外みなし労働時間制；始業（　時　分）終業（　時　分） (5) 裁量労働制；始業（　時　分）終業（　時　分）を基本とし、労働者の決定に委ね る。 ○詳細は、就業規則第　条～第　条、第　条～第　条、第　条～第　条 2　休憩時間（　　）分 3　所定時間外労働の有無（　有　，　　無　）
休　　日	・定例日；毎週　　曜日、国民の祝日、その他（　　　　　　　　　　　） ・非定例日；週・月当たり　　日、その他（　　　　　　　　　） ・1単位の変形労働時間制の場合－一年間　　日 ○詳細は、就業規則第　条～第　条、第　条～第　条

(厚生労働省ホームページより)

雇用形態ごとの社会保険の取扱い

　どのような雇用形態であっても、一定要件を満たせば、社会保険・労働保険に加入することができます。まず、社会保険の取扱いから見ていきましょう。

 ## 社会保険とは

　「社会保険」とは、具体的には健康保険と厚生年金保険のことを指します。

　健康保険は、企業等に勤める人が加入する公的な医療保険制度のことをいいます。病気やケガで治療を受けるときや、それにより働くことができなくなり休業した場合、そして出産、死亡などが発生した場合に保険給付を受けることができます。

　厚生年金保険は、国民年金を土台とした、政府が保険者である「2階部分の公的年金制度」のことをいいます。

　国民年金は「基礎年金」とも呼ばれ、すべての国民を対象とする年金制度です。そして、厚生年金保険は民間企業や公務員等で働く人が加入するもので、国民年金に上乗せする形で自身の報酬に比例した年金が支給される制度です。

　主な給付内容としては、65歳から支給される「老齢厚生年金」や、障害が生じた場合に支給される「障害厚生年金」などがあります。

　これらの健康保険と厚生年金保険を併せて社会保険といいます。

　株式会社等の法人や従業員が5人以上いる個人事業所は、原則として社会保険の加入事業所となります。

> **社会保険の適用事業所の範囲が広がった！**
> 弁護士や公認会計士といったいわゆる士業と呼ばれる個人事

業所は、かつては常時 5 人以上の従業員を雇用していても、社会保険への加入が必要な適用事業所の対象外とされてきましたが、2022年10月 1 日より、これら士業の個人事業所も常時 5 人以上の従業員を雇用する場合には、社会保険への加入が必要な適用事業所の対象となりました。

なお、企業が社会保険の加入対象事業所であったとしても、実際に働く人がこの社会保険に加入する対象者として「**被保険者**」になるためには一定の加入要件があります。

 ## 社会保険の加入要件

社会保険は、正社員の他、労働時間や労働日数が正社員の 4 分の 3 以上あるパートタイマー等も加入対象となります。

多くの企業では、正社員の労働時間は週40時間なので、週に30時間以上働くパートタイマー等も対象となることになります。

また、2016年よりいわゆる「短時間労働者の社会保険の適用拡大」が進んでおり、現在、以下の 5 つの条件に当てはまる人も社会保険の加入対象となります。

①週の所定労働時間が20時間以上
②賃金が月 8 万8,000円以上であること
③ 2 か月を超える雇用の見込みがあること
④学生ではないこと（定時制や通信制の学生の場合は除く）
⑤従業員数が101人以上の勤務先であること

なお、2024年10月からは、上記の⑤の条件は「従業員数51人以上の勤務先であること」に変更されるため、より多くの企業が週20時間以上勤務する労働者を社会保険の適用拡大の対象とする必要があります。

雇用形態ごとの労働保険の取扱い

前項に次いで、労働保険の取扱いについて見ていきましょう。

労働保険とは

「**労働保険**」とは、具体的には労働者災害補償保険（労災保険）と雇用保険のことを指します。

労災保険とは、正式名称を「労働者災害補償保険」といい、政府が保険者であり、労働者が仕事中や通勤中にケガ等をした場合に給付が行なわれる保険制度です。

たとえば、病院において無料で治療を受けることができる「療養給付」や、療養期間中に所得補償として支給される「休業給付」などがあります。

また、障害が発生した場合には、障害の程度に応じて「障害給付」が受けられ、死亡時には遺族の所得補償として「遺族給付」などが受けられます。

一方、**雇用保険**は、主に労働者が失業や、育児・介護など賃金が受けられない状態となった場合に必要な給付を行なうことで、労働者の生活や雇用安定を図るための制度です。

会社を退職後に一定の要件を満たせば「基本手当」（通称「失業給付」）を受けることができるのも、この制度のおかげです。

労働保険の加入要件

労災保険は、所定労働時間に関係なく、1分でも働く労働者（パートやアルバイトも含む）を1人でも雇用している企業は、加入対象となります。

そのため、労働者も働く時間に関係なく、企業で働いている限り

当然、労災保険に加入することになります。

　一方の雇用保険は、週の労働時間が20時間以上、かつ31日以上雇用の継続が見込まれる従業員（パートやアルバイトも含む）を1人でも雇用している企業が加入対象となります。

　ただし、昼間学生については基本的に雇用保険の加入対象外です。

　雇用保険の被保険者となる加入要件は以下のとおりですが、下記要件のいずれも満たす人は雇用保険の被保険者となります。

> ①週の所定労働時間が20時間以上であること（週の所定労働時間がばらばらの場合は月87時間以上）
> ②31日以上継続して雇用が見込まれること
> ③昼間学生ではないこと

　また、昼間学生のアルバイトであっても、「卒業見込み証明書を有する者で、卒業前に就職し、卒業後も引き続き当該事業所に勤務する予定の者」については、雇用保険の被保険者になり得ます。

　ただしこの場合は、雇用保険の資格取得の際に、「卒業見込み証明書」を添付する必要があります。

同一労働・同一賃金の原則

 同一労働・同一賃金とは

　「同一労働・同一賃金」とは、同一企業内の正社員（無期雇用でフルタイムで働く労働者）と、契約社員、アルバイト・パート等の有期雇用者や派遣社員との間での不合理な待遇差をなくすことを目的として制定された概念であり、2020年4月（中小企業は2021年4月）から適用されています。

　同一労働・同一賃金は端的にいえば、「同じような仕事をしているのであれば、雇用形態が正社員であろうと、契約社員であろうと、アルバイトであろうと、同一の賃金を支給する」という考え方です。

　そのため、現在では正社員と有期雇用者・派遣社員との間で、不合理な待遇差を設けることは許されていません。

　「不合理な待遇差」とは、わかりやすく言い換えれば、「従業員が納得のいくような説明ができない待遇差」全般が禁止されるということです。

　同一労働・同一賃金は、正社員と有期雇用者・派遣社員の労働条件をすべて同一にしなければいけないというものではありません。たとえば、業務内容が異なったり、業務の権限が異なっていたり、異動の範囲が異なっていたりする場合には、その働き方の違いに応じて待遇差を設けることは許されています（次ページ図の①均衡待遇を参照）。

　逆にいえば、正社員と有期雇用者がまったく同じ業務内容で、責任、権限がある場合には、同一の待遇にしなければならないということになります（次ページ図の②均等待遇を参照）。

◎均衡待遇と均等待遇の違い◎

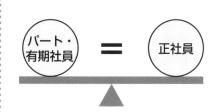

①均衡待遇	②均等待遇
働き方の違いに応じて バランスがとれているか？	同じ働き方なら 待遇も同じか？

　同一労働・同一賃金が法制化される以前は、たとえば「正社員には賞与を支給するが、契約社員等の有期雇用者には支給しない」といった取扱いを行なっている企業が多くありました。

　しかし現在では、自社の正社員と有期雇用者の行なっている業務や責任・権限の範囲等に照らし合わせて、「合理的な待遇差の範囲にしなければならない」というのが、この同一労働・同一賃金の原則です。

　また、この同一労働・同一賃金が適用になったことで、企業には正社員との待遇差の内容や理由など、有期労働者などの要求に応じて説明する義務も課されています。

　企業で働いている人も、これから働く人も、こうした同一労働・同一賃金の原則に照らして、理不尽や不納得なことがあれば、企業に説明を求めるといった対応も可能になったのです。

　どのような働き方を選んでも、その能力が適正に評価され、合理的な処遇を求めることができる時代が到来したわけです。

雇用保険マルチジョブホルダー制度

　従来の雇用保険では、1－6項で説明したように、主たる事業所での労働条件が、週所定労働時間20時間以上かつ31日以上の雇用見込み等の適用要件を満たす場合に、雇用保険の加入対象となっています。

　これに対し、2022年1月から「雇用保険マルチジョブホルダー制度」の適用が始まっています。

　この制度は、複数の事業所に勤務する65歳以上の労働者が、そのうち2つの事業所における勤務を合計して、以下の適用対象者の要件を満たす場合には、本人からハローワークに申出を行なうことで、申出を行なった日から特例的に雇用保険の被保険者（マルチ高年齢被保険者）となることができるという制度です。

---

①複数の事業所に雇用される65歳以上の労働者であること

②2つの事業所（1つの事業所における1週間の所定労働時間が5時間以上20時間未満）の労働時間を合計して1週間の所定労働時間が20時間以上であること

③2つの事業所のそれぞれの雇用見込みが31日以上であること

　これによって、マルチ高年齢被保険者が失業した場合には、離職日以前の1年間に被保険者期間が通算して6か月以上あることなどの条件を満たせば、「高年齢求職者給付金」（いわゆる失業手当）が支給されることになり、さらに、要件を満たせば「介護休業給付」や「教育訓練給付」等の給付を受けることも可能になりました。

第 **2** 章

労働時間のルールを
理解しておこう

法定労働時間と
所定労働時間っ
て違うんですね。

働き方改革によ
って残業時間に
は上限が設けら
れました。

法定労働時間と所定労働時間の違い

労働時間とは

「**労働時間**」とは、「労働者が使用者（つまり企業等のこと。以下同じ）の指揮命令下に置かれている時間」のことをいいます。

使用者からの明らかな指示に従うことはもちろん、使用者が明確に言葉にしていなくとも、「暗黙の了解」といった形で（「黙示の指示」といいます）、労働者が業務に従事する時間は労働時間に当たります。また、実際に働く時間だけではなく、以下のような時間も労働時間に位置づけられます。

● 労働に付随する準備や片づけなどの時間
● 必ずしも実際の作業を伴わない、いわゆる「手待ち時間」
● 参加が義務づけられている研修・教育訓練の受講

なお、「始業から終業までの拘束時間から休憩時間を除いたもの」が労働時間である、と捉えることも可能です。

法定労働時間とは

労働時間には、法定労働時間と所定労働時間があります。

使用者が労働者を労働させることができる時間は、法律で定められています。これを「**法定労働時間**」といい、法定労働時間は原則として以下のように定められています。

● １週間について40時間（特例措置対象事業場は44時間）
● １日について８時間

使用者は、３６協定（２−４項参照）の締結なしには、上記の法定労働時間を超えて労働者を労働させることはできません。

 ## 所定労働時間とは

一方、「所定労働時間」とは、法定労働時間を超えない範囲で、個々の事業場で就業規則等により定められている労働時間をいいます。労働者は、就業規則や個別の雇用契約書に定められた所定労働時間を就労する義務があります。

所定労働時間は、法定労働時間と同様に１日８時間とすることも可能ですし、法定労働時間の８時間はあくまでも上限であるため、個々の事業場の所定労働時間を７時間や７時間30分等と定めるケースもあります。

ただし、法定労働時間と異なる所定労働時間を定めている企業の場合は、**割増賃金のルール**をどのように定めているかの確認が必要です。

たとえば、法定労働時間である１日８時間よりも少ない所定労働時間を定めたからといって、所定労働時間を超えた部分からの割増賃金の支払い義務は必ずしも発生しません（割増加算のない、労働時間の本体分の賃金の支払いは必要です）。

法律上、使用者に割増賃金の支払いが義務づけられているのは、法定労働時間を超えた部分からとなるので、次の取扱いのいずれも可能となります。

- 所定労働時間超〜法定労働時間までの部分は割増なし、法定労働時間超の部分から割増賃金を支払う
- 所定労働時間超の時間からすべて割増賃金を発生させ、法律を上回る取扱いとする

そのため、自社の就業規則や個別の雇用契約書にルールを定めて、従業員に対する割増賃金の支払いを実施します。

2-2 休憩時間のルール

 休憩時間とは

　前項で、労働時間とは「労働者が使用者の指揮命令下に置かれている時間」であることを確認しました。

　「**休憩時間**」とは、その労働時間の反対、つまり「労働者が使用者の指揮命令下に置かれていない時間」を指します。休憩時間は、労働者が権利として労働から離れることが保障されていることが必要です。

　「業務が繁忙で日々、なかなかしっかりと休憩が取れない」、「休憩を取るくらいならその分、早く帰りたい」といった従業員の声も多く耳にするところですが、労働者が休憩を適切に取得しないと、その使用者である企業が罪に問われてしまいます。

　使用者が労働者に休憩を与えるべき基準は、労働基準法によって次のように定められています。

使用者は、以下のように休憩を与えなければならない。
- 労働時間が６時間を超え、８時間以下の場合

　　　　　　　　　　　　　　　　…少なくとも45分
- 労働時間が８時間を超える場合…少なくとも１時間

　実は、６時間ちょうどの勤務であれば休憩は不要ですし、８時間ちょうどの勤務であれば１時間の休憩ではなく45分の休憩であっても問題はありません。

　ただし、多くの企業では法定労働時間の８時間に対して１時間の休憩を付与することが一般的であり、こうしたほうが労働時間・休憩の取扱いもシンプルになります。

1章

休憩の3つの原則とは

また、休憩には以下の3つの原則があります。

> ①**途中付与の原則**…休憩時間は労働時間の途中に付与されなく
> てはなりません。
> ②**一斉付与の原則**…使用者は、休憩時間を事業場の全労働者に
> 一斉に与えなければなりません。
> ③**自由利用の原則**…休憩時間は自由に利用させなければなりま
> せん。

　休憩は、上記3つの原則を満たす形で取得させる必要があるわけですが、実務上、全従業員が一斉に休憩を取得するということが難しい場合も多いです。

　一斉付与の原則が適用される事業場であっても、あらかじめ「一斉休憩適用除外の労使協定」を締結することで、交替制の休憩等が可能になるため、筆者はこの労使協定を締結することを多くの企業にお勧めしています。労使協定書のイメージについては、右を参考にしてください。

一斉休憩の適用除外に関する労使協定書

株式会社○○と従業員代表は、労働基準法第34条第2項ただし書にもとづき、一斉休憩の適用除外に関し、次のとおり協定する。

（適用範囲）
第1条　適用対象者については、労働基準法上休憩取得が必要な全従業員とする。

（休憩時間）
第2条　休憩は一斉に付与せず、各人が勤務時間の途中に1時間を取得するものとする。

（有効期間）
第3条　本協定は、　　年　　月　　日から1年間とする。ただし、有効期間満了の1か月前までに、協定当事者のいずれからも文書をもって終了する旨の申し入れがないときは、さらに1年間、有効期間を延長するものとし、以降も同様とする。

　　　　　　　　　　　　　　　　　　年　　月　　日

　　　　　　　　　　　　　　　株式会社○○
　　　　　代表取締役　○○○○　　㊞

　　　　　　　　　　　　　　　株式会社○○
　　　　　従業員代表　○○○○　　㊞

2-3

時間外労働・休日労働のルール

時間外労働、休日労働とは

　各社で当たり前のように実施されている「時間外労働」「休日労働」ですが、実は労働基準法上はそもそもこれらが「原則禁止」とされていることをご存じでしょうか。

　まず、法律上の「時間外労働」「休日労働」の定義は以下のとおりです（次ページの図も参考にしてください）。

- ●「時間外労働」とは、「法定労働時間を超える労働（つまり1日8時間、1週40時間を超える労働)」のことを指します。
- ●「休日労働」とは、「法定休日における労働」のことを指します。

　そのため、所定労働時間が法定労働時間より短い企業の時間外労働は、ただちに法律上の「時間外労働」と合致しない場合もあります。

　また、休日労働とは「法定休日における労働」を指すため、所定休日の出勤については、法律上は「休日労働」ではなく「時間外労働」であることにも注意したいところです。

　なお、原則禁止とされている「時間外労働」「休日労働」ですが、次ページにあげた場合には、使用者は労働者に、適法に時間外労働または休日労働を実施させることが認められています。

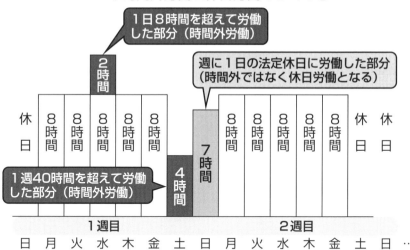

◎時間外労働と休日労働のしくみ◎

1日8時間を超えて労働した部分（時間外労働）

2時間

週に1日の法定休日に労働した部分（時間外ではなく休日労働となる）

1週40時間を超えて労働した部分（時間外労働）

時間外労働、休日労働を実施させられる場合

　以下にあげる場合には、時間外労働、休日労働を実施させることが認められています。

---

①**災害等による臨時の必要がある場合**…ただし、事前に管轄の労働基準監督署長の許可を受けることが必要です。事態がひっ迫しているとして事前に許可を受けられない場合は、事後に遅滞なく届け出ることとされています。

②**公務のために臨時の必要がある場合**…この場合の公務とは、国・地方公共団体の事務のすべてをいい、時間外労働等の必要性については各団体の判断に委ねられています。

③**労使協定（36協定）を締結し、管轄の労働基準監督署長に届け出た場合**

　多くの企業では、③の36協定（次項で解説）を締結・届出する形で時間外労働や休日労働が行なわれています。

2-4 ３６協定とその構成

 ３６協定とは

「３６（さぶろく）協定」は、時間外労働・休日労働を適法に実施するために必要不可欠な「労使協定」です。労働基準法36条に規定されていることからこう呼ばれます。

３６協定は、管轄の労働基準監督署への届出が必要になります。

労使協定

「労使協定」とは、使用者と労働者の過半数を代表する者等が締結する、書面による協定を指します。

そもそも労使協定は、「本来は法違反となる行為を行なっても法違反とはしない」という「免罰効果」を発生させるものであり、３６協定についても考え方は同様です。

つまり、本来は実施させることのできない時間外労働・休日労働を適法に実施させるために３６協定を締結します。

◎３６協定が必要になる場合◎

労働時間・休日に関する原則

法律で定められた労働時間の限度
１日８時間および１週40時間

法律で定められた休日
毎週少なくとも１回

▶ これを超えるには、
３６協定の締結・届出が必要

　３６協定を届け出る際は、行政官庁（各都道府県労働局・労働基準監督署）で定められた最新の様式を利用します（各労働局のホームページからダウンロードできます）。

　なお、３６協定の締結単位は法人ごとではなく、「**事業場ごと**」となり、労働者の過半数を代表する者も事業場ごとに選出する必要があります。

一般条項、特別条項とは

　３６協定は、「一般条項」と「特別条項」からなり、その構成は以下のとおりです。

【一般条項の範囲】（原則の限度時間）

> ● １か月45時間以内、 １年360時間以内の時間外労働をさせることができる（１年単位の変形労働時間制においては、 １か月42時間以内、 １年320時間以内の時間外労働をさせることができる）
> ● 協定に定める範囲で休日労働をさせることができる

【特別条項の範囲】（臨時的な特別の事情がある場合における限度時間）

> ● 労使合意によって、 １か月45時間を超え単月100時間未満の時間外労働・休日労働、 １年360時間を超え720時間以内の時間外労働をさせることができる
> ● １か月45時間を超過できるのは、年間６回（６か月）まで

2-5 時間外労働・休日労働の上限規制

 時間外労働等の上限規制とは

　2019年4月から施行されている働き方改革法によって、従来青天井であった時間外労働、休日労働について、以下のような法律による上限が設けられました（次ページの図も参照）。

時間外労働・休日労働の上限規制

① 年間の時間外労働は720時間まで

② 時間外労働・休日労働は2〜6か月平均80時間以内

③ 月間の時間外労働・休日労働は100時間未満

（※）一部の事業・業務においては上限規制の適用が猶予・除外されます。

　働き方改革法の施行によって労働時間の上限規制が新たに設けられたことにより、会社の労務担当者などは勤怠管理の実務上、以下にあげるようなチェックポイントを押さえることが必要です。

① 1日、1か月、1年のそれぞれの時間外労働が、36協定で定めた時間を超えないこと

② 休日労働の回数・時間が、36協定で定めた回数・時間を超えないこと

③ 特別条項の回数（＝時間外が限度時間を超える回数）が、36協定で定めた回数を超えないこと

④ 月の時間外労働と休日労働の合計が、毎月100時間以上にならないこと

⑤ 月の時間外労働と休日労働の合計について、どの2〜6か月の平均を取っても、1月当たり80時間を超えないこと

労務管理上、３６協定の遵守は非常に重要なため、毎月確実に上記労働時間のルールを守ることができるようなしくみづくりが必要です。

◎残業時間の上限規制◎

**法律による上限
（特別条項）**
- ●年720時間
- ●複数月平均80時間＊
- ●月100時間未満＊
  ＊休日労働を含む

年間6か月まで

**法律による上限
（原則）**

残業時間
（原則）
**月45時間
年360時間**

法定労働時間
1日8時間
週40時間

1年間＝12か月

年々複雑化する人事労務の管理工数に悩んでいる企業も多いと考えますが、長時間労働は、労働者の健康確保を困難にするだけでなく、少子化の要因、家庭参加とキャリア形成の両立を阻む要因ともなっています。

逆に、長時間労働を是正することは、これらの問題を一気に解消するための重要な手立てでもあります。

従業員の１人ひとりが、健康でよりよい働き方を選択できるよう、労使で積極的に時間外労働・休日労働を減らすしくみづくりや、運用整備に取り組んでほしいところです。

2-6 柔軟な労働時間制度①
フレックスタイム制

　ここまで、原則的な労働時間のルールに則った労働時間、休憩時間や時間外労働・休日労働について確認してきましたが、労働時間制度には柔軟な制度もあります。

 フレックスタイム制とは

　柔軟な労働時間制度を代表するものとして、「フレックスタイム制」があります。

> **┤ フレックスタイム制 ├**
>
> 　フレックスタイム制とは、「労働者が日々の始業・終業時刻、労働時間を自ら決めることによって、生活と業務との調和を図りながら効率的に働くことができる制度」とされています。

　たとえば、1日の所定労働時間が8時間の事業場であっても、フレックスタイム制度の適用下であれば、労働者自身が「今日は業務が落ち着いているから6時間で帰ろう」「その代わり明日は10時間働こう」というように、毎日の労働時間を柔軟に決定できます。

　そしてフレックスタイム制では、柔軟に労働時間を決定するために、いつ出社または退社してもよい時間帯（**フレキシブルタイム**）と、必ず勤務していなければならない時間帯（**コアタイム**）に区分して運用することが一般的です。

　このようにして働いて、**清算期間**の終期が到来したら労働時間を集計します。総労働時間（清算期間中の所定労働時間）に対して実労働時間が上回っていたら、時間外労働の発生となり、実労働時間

が法定労働時間の総枠を超えている場合は割増賃金も発生します。

逆に、総労働時間に対して実労働時間が下回っていれば、原則として賃金控除が行なわれます（翌月に不足分を繰り越せるとしている企業もあります）。

このように、日々ではなく、清算期間を単位として、労働時間を集計していく制度がフレックスタイム制です。

 ### 清算期間の上限は３か月

フレックスタイム制によって、労働時間の効率的な配分や生産性の向上が期待できます。企業にとっては残業代の抑制につながり、労働者にとっても仕事とプライベートを両立させやすくなるなど、労使双方に大きなメリットがあります。

なお、清算期間は通常１か月とされることが多いですが、2019年４月からの働き方改革法の施行によって、清算期間の上限は３か月となり、月をまたぐ形での労働時間の清算も可能になりました。

その施行の際に、同じタイミングで、以下のような改正も行なわれています。

> ●週の所定労働日数が５日（完全週休２日制）の労働者を対象に、労使協定を締結することによって、「清算期間内の所定労働日数×８時間」を法定労働時間の総枠とすることが可能に。

従前は、暦日数31日で23営業日の月など、残業がない働き方をしたとしても、原則の法定労働時間の総枠を超えてしまう（「８時間×23営業日」で総労働時間が184時間となる一方で、法定労働時間の総枠は「40時間÷７×31日＝177.1時間」）事象が発生していました。しかし、上記改正によって、週５日勤務の労働者については、このようなケースにおける法定労働時間の総枠を184時間とすることが可能になりました。

2-7 柔軟な労働時間制度②
裁量労働制

 裁量労働制とは

　「裁量労働制」とは、「みなし労働時間制」等と呼ばれることも多く、ざっくりと整理すると「実労働時間にかかわらず、あらかじめ労使で合意した一定の時間を労働したものとみなすことができる」制度です。

　裁量労働制の適用下では、たとえば、あらかじめ8時間のみなし労働時間として労使が合意していれば、10時間労働した場合であっても、3時間しか働かなかった場合であっても、その日の労働時間は8時間とみなされます。

 専門業務型と企画業務型がある

　裁量労働制には、以下の2種類があります。

①専門業務型裁量労働制

　法令で定められた19の対象業務にのみ適用が認められるもので、代表的な職種でいえば、デザイナーやコピーライター、システムエンジニア、新聞記者等が該当します。

②企画業務型裁量労働制

　「事業の運営に関する事項についての企画、立案、調査および分析の業務」に適用が認められるもので、わかりやすくいえば、企業経営の中枢部門において、企画立案などの業務に携わっている者等が対象になります。

　①の専門業務型にしても、②の企画業務型にしても、「裁量」と

名が付いているように、業務を遂行するのに労働者の相応の裁量が必要な業務に対して認められるという共通点があります。

　また、裁量労働制は、実労働に応じた時間外労働手当の支払いがそのまま行なわれない、という点においては、一般的には使用者有利、労働者不利な制度と考えられています。

　そのため、裁量労働制の適用については、みなし労働時間等をめぐってトラブルになることもあります。

2024年4月以降は同意取得が義務化

　2024年4月1日以降、新たに、または継続して、裁量労働制を導入するためには、裁量労働制を導入するすべての事業場で、必ず「適用する労働者本人の同意を得ること」や、「同意の撤回の手続きを定めること」などを、労使協定や労使委員会の決議で定める必要があります。

　特に、**労働者本人の同意取得**に関して、労働者の同意が自由な意思にもとづいてされたものとは認められない場合には、「みなし労働時間」の効果は認められないと解されているため、企業においては、裁量労働制導入後の処遇等について、適切な説明が求められます。

　つまり、労働者が専門業務型または企画業務型の適用の是非について、検討や判断が適切にできないままに同意に至ったなどの場合には、自由な意思にもとづいてされたものとは認められないものと考えられるため、裁量労働制の運用には十分な注意が必要です。

変形労働時間制とは

　「変形労働時間制」とは、労使協定または就業規則等において、あらかじめ規定することにより、一定期間を平均し、1週間当たりの労働時間が法定労働時間を超えない範囲内において、特定の日または週に法定労働時間を超えて労働させることができる制度です。

　変形労働時間制には、「1週間単位」「1か月単位」「1年単位」の3種類があります。

①1週間単位の変形労働制

　小売業、旅館、料理店および飲食店のうち30人未満の事業所に（日ごとに著しい業務の繁閑がある小規模事業として）適用が許されています。ただし、導入には労使協定が必要です。

②1か月単位の変形労働制

　1か月以内の期間に繁閑の差がある事業場であれば、適用業種に制約はなく、労使協定または就業規則によって導入が可能です。週や日の労働時間の上限はありません。

③1年単位の変形労働制

　季節等によって繁閑に差がある業務等について、労働時間の配分を効率的に実施するための制度です。対象期間が長いため、労働日数や労働時間に詳細な限度が設けられています。導入には、就業規則への記載、労使協定の締結および所轄労働基準監督署への届出が必要になります。

それぞれの特徴を押さえて、各事業場のニーズにあった変形労働時間制を適用していきましょう。

いわゆる「シフト制」とは

パートタイマーやアルバイトを中心に「シフト制」という働き方は馴染みがあるでしょうが、いわゆる「シフト制」とは、一定期間ごとに労働日や労働時間を調整し、特定するような働き方です。

その時々の事情に応じて柔軟に労働日・労働時間を設定できるという点でメリットがあり得る一方、使用者の都合で労働者を振り回すような働き方が行なわれてしまう恐れもあるため、2022年1月に厚生労働省から、シフト制の適切な運用に際して「いわゆる『シフト制』により就業する労働者の適切な雇用管理を行うための留意事項」がアナウンスされています。その概要は以下のとおりです。

1）シフト制労働契約の締結に当たっての留意事項

● シフト制労働契約の締結時に、労働者に労働日ごともしくは原則の始業・終業時刻や休日等労働条件を書面で伝えているか

● 労働日、労働時間等の変更にあたり労使合意を取得しているか

2）シフト制労働者を就労させる際の注意点

● 時間外・休日労働がある場合に３６協定を締結・届出しているか

● １日６時間超の勤務の場合、適切に休憩を与えているか

3）シフト制労働者の解雇や雇止め等

● 客観的・合理的な理由がなければ解雇できないことを認識しているか（有期労働契約の場合は基本的には解雇できない）

● 解雇や雇止めを実施する場合に適法に予告を実施しているか

4）その他

● シフト制労働者も要件を満たせば、雇用保険や社会保険の被保険者になることを認識しているか（労災保険は当然に適用となる）

2-9 長時間労働に伴う 健康障害の防止

 健康障害から労働者を守るための３つの制度

　長時間労働に伴う健康障害から労働者を守るためのルールとして、以下にあげる３つの制度がありますので、紹介しておきましょう。

①勤務間インターバル制度の努力義務

　「**勤務間インターバル制度**」とは、１日の勤務終了後、翌日の出社までの間に、一定時間以上の休息時間（インターバル時間）を確保するしくみです。終業と始業の間を十分に設けることによって、労働者の生活や睡眠に配慮した働き方を実現できることがメリットです。

　ただしルールの遵守には、効果的なしくみづくりが重要となること、実際にインターバルを何時間にするかは労使協議によるものとなることなどから、導入には十分な検討が必要になるでしょう。

②脳・心臓疾患に対する労災認定基準の緩和

　2021年７月に、業務による過重負荷を原因とする脳血管疾患および虚血性心疾患等（「脳・心臓疾患」）の認定基準が見直されました。

　従来の認定基準にプラスして以下のような要件が追加されています。

---

①発症直前から前日までの間において、発生状態を時間的および場所的に明確にし得る異常な出来事に遭遇したこと

②発症に近接した時期において、特に過重な業務に就労したこと

③発症前の長期間にわたって、著しい疲労の蓄積をもたらす特

に過重な業務に就労したこと

　労働者の労働時間数だけにとらわれず、総合的な負荷の考慮が適切に行なわれるように、迅速・適正な認定がされるようにとの方針で基準が見直されており、より実態に即した認定がされやすくなりました。

　業務による明らかな過重負荷として、長期間にわたる疲労の蓄積も考慮されるようになったことも、大きなポイントです。長時間労働が労働者の脳・心臓疾患を引き起こし得るリスクを、これを機会に再度、認識してほしいものです。

③ストレスチェックの実施

　近年、仕事に関して強い不安やストレスを感じている労働者や、仕事による強いストレスが原因で精神障害を発病し、労災認定される労働者が増えています。

　こうした背景のなかで、2015年12月に「**ストレスチェック制度**」が施行されました。ストレスチェックは、常時50人以上の労働者を雇用する事業場に実施義務があります。

　この制度は、定期的に労働者のストレスの状況について検査を行ない、本人にその結果を通知して、自らのストレスの状況について気づきを促すというものです。

　同時に、検査結果を集団的に分析し、職場環境の改善につなげることによって、労働者の**メンタルヘルス不調を未然に防止**することを主な目的としています。使用者側にとっても、労働者のストレスが軽減され、職場環境がよくなることで、経営面でのプラス効果も期待できます。

　以上、長時間労働の防止やメンタルヘルスへの配慮という観点は、労働者が心身ともに健康に働くためにも非常に重要です。活気ある職場づくりのために、こうした法令を遵守することが求められます。

高度プロフェッショナル制度

　2019年4月からの働き方改革法の施行によって、「高度プロフェッショナル制度」が創設されました。

　この制度は、端的にいうと「労働基準法に定められた労働時間、休憩、休日および深夜の割増賃金に関する規定の適用を除外する」制度です。

　労働者を守るために存在する労基法の定めの大きな部分を適用除外としてしまうわけですから、対象となる労働者は以下のように非常に細かく定められています。

> ●高度の専門的知識等を有し、職務の範囲が明確で、
> ●一定の年収要件（1,075万円以上）を満たす者

　労使委員会の決議および労働者本人の同意も前提となりますし、年間104日以上の休日確保や健康・福祉確保措置、そして選択的措置（勤務間インターバル制度を含むいくつかの措置のなかからいずれかを選ぶ）を講ずることも必要です。

　届出は許可制ではないため、適切な手続きを経て形式上正しい書面をつくれば労基署で受理はされます。ただし、対象事業所には適切な運用が行なわれているかどうかの全数調査が入るといわれています（全数調査は法的な定めではないものの、各労基署でこのような運用がされていることが多いです）。

　そのような事情があるためか、2023年3月末現在で、高度プロフェッショナル制度を利用している事業場は、26事業場（24社）のみとなっています。

　分母はすべての企業ということになりますので、本制度の利用については、いまだ相当にハードルが高いと考えられます。

第 **3** 章

休日・休暇のルールを
理解しておこう

法定休日という
決まりがあるん
ですね。

振替休日と代休
の意味は違って
います。

法定休日と所定休日の違い

法定休日、所定休日とは

まず「**休日**」とは、労働者が労働契約において「労働義務を負わない日」のことであり、暦日（0時から24時まで）によることを原則とします。

休日には、「**法定休日**」と「**所定休日**」があり、具体的には以下のように定義されています。

法定休日

使用者は、労働基準法35条で定められているように、労働者に休日を与える必要があります。これを「**法定休日**」といい、具体的には以下のとおりとされています。

● 毎週1日付与される休日

● 4週間を通じて4日以上の休日

前者のように「1週1休制」を取る企業が多いですが、後者による法定休日の付与（「変形休日制」といいます）も、就業規則等において4週間の起算日を明らかにしたうえで、特定の4週間に4日の休日が確保できれば問題ありません。

所定休日

「**所定休日**」とは、個々の事業場で就業規則等により定められている休日をいいます。

週1日の休日または4週4休として、法定休日どおりに所定休日を定めることも可能ですし、法定休日はあくまでも最低限の基準として、法定休日を上回るような所定休日を定めるケー

スも多いです。

　一般的には、

- ●週２日を所定休日とする
- ●土曜日、日曜日、祝日を所定休日とする

として、所定休日のなかで法定休日を確保できるような制度にしている企業が多いです。

所定休日の定め方と注意点

　法定休日の付与が問題なく実施できていれば、所定休日をどのように定めるかは、各社次第ということになります。

　正社員の給与は月給制と定められていることが多いので、たとえば休日の日数を最低限にすると、労働時間が多く確保できる、と考える経営者も多く、たしかにこのような一面はあります。

　ただし、休日の日数の多寡は、労働者が非常に重要視する労働条件の１つであり、他社と比べてあまりに少ない休日を設定することはお勧めできません。

　一方で、必要以上に休日を多くすることにも注意が必要です。休日の多寡は、月給制の労働者の割増賃金を計算する際の単価に関係するからです。

　割増賃金の算出に使う時給単価は、労働者の月給総額を１か月の所定労働時間の総和で割って算出します。そのため、次のようなしくみになっているのです。

- ●休日が多いと、労働時間が少なくなり、時給単価が上がる
- ●休日が少ないと、労働時間が多くなり、時給単価が下がる

　休日は労働者にとって、最重要な規定の１つです。後々の不利益変更をなるべく避けるためにも、まずは多すぎも少なすぎもしない、一般的な水準での休日設定をお勧めします。

振替休日と代休の違い

 休日の振替とは

　あらかじめ休日とされていた日に、業務予定が入ってしまったり、突発的な休日労働が発生してしまうことは多々あります。このような場合には、「振替休日」や「代休」を活用することができます。

　まず、「**休日の振替**」とは、就業規則等にあらかじめ「休日を振り替えることができる」旨を規定することで、本来、休日とされていた日を労働日とし、その代わりに他の労働日を休日にすることです。あくまでも「**事前に**」休日と労働日の交換を行なっておくことが重要です。

　休日の振替を行なった場合には、本来、休日だった日に働かせたとしても休日労働にはなりません。

　ただし、休日の振替を行なったことによって、その週の労働時間が法定労働時間である40時間を超えてしまった場合には、超過時間に対する時間外労働として割増賃金の支払いが必要になります。

　企業側からすると、たとえば、休日に実施が予定されているイベントや研修については、あらかじめ休日の振替を行なっておくことで、割増賃金等の追加のコストをかけずに済みます。

 代休とは

　一方、あらかじめ休日の振替ができず、突発的に休日労働が発生するケースもあります。この休日労働に対しては、以下のような賃金の支払いが必要になります。

●**法定休日労働の場合**
「法定休日労働時間×労働者の時給単価×135％」

◎振替休日と代休の取扱いの比較◎

区　分	振替休日	代　休
就業規則などの規定	必　要	規定がなくても可 （労働者からの代休請求は、就業規則などの規定が必要）
休日の事前の特定	必　要	必要なし
３６協定	必要なし （週をまたがって振り替えることにより、当該週の労働時間が１週間の法定労働時間を超えるときは時間外労働の３６協定が必要）	休日労働の３６協定が必要
休日労働に係る割増賃金		必　要 （ただし、割増分のみ）

● 所定休日労働の場合（時間外労働の取扱い）
「所定休日労働時間×労働者の時給単価×125％」
（月60時間を超える時間外労働の割増賃金率は150％）

　ここで、事後的に休日労働の代償として他の労働日を休日とするやり方もあります。これを「**代休**」といいます。

　代休を付与することで、本来支払いが必要な賃金から、「所定労働時間×労働者の時給単価×100％」を控除することができます。代休は、支払うべき賃金に代えて休みを与えるという考え方です。ただし、代休を付与する場合であっても、割増部分の支払いは必要になります。

　代休の付与は義務ではないので、代休付与より賃金の支払いのほうが都合がよいという場合は、代休を付与せずに賃金を支払うことでも問題はありません。予定が見通せる休日の稼働については、「休日出勤・代休」ではなく「休日の振替」で対応することを基本的なルールとしても、スムーズな運用ができると考えられます。

3-3 年次有給休暇のしくみ

 年次有給休暇とは

　「**年次有給休暇**」とは、一定期間勤続した労働者に対して、休日とは別に付与される休暇のことです。略して「有休」「年休」などと呼ぶこともあります。

　年次有給休暇を取得した日には、基本的には「その日の所定労働時間を労働した場合に支払われる通常の賃金」が支給されることとなっており、有休を取得しても賃金は減額されません。

　年次有給休暇が付与される要件は次のとおりです。

［ 年次有給休暇の発生要件 ］

　以下の要件を満たした労働者に対しては、雇入れ日から6か月後に10日の年次有給休暇が付与されます。

①雇入れの日から6か月経過していること

②その期間の全労働日の8割以上出勤したこと

　なお、初回の付与（基準日）から1年を経過した日に、②と同様の要件（最初の年次有給休暇が付与されてから1年間の全労働日の8割以上出勤したこと）を満たしていれば、11日の年次有給休暇が付与されます。

　このように、法律上は継続勤務1年6か月ごとに1日ずつ、継続勤務3年6か月以降は1年ごとに2日ずつ増加した日数が加算され、最高で20日の年次有給休暇が付与されます（下表参照）。

継続勤務年数	6か月	1年6か月	2年6か月	3年6か月	4年6か月	5年6か月	6年6か月
付与日数	10日	11日	12日	14日	16日	18日	20日

　前ページの表は、週の所定労働日数が５日以上、または週の所定労働時間が30時間以上ある通常の労働者に対する付与日数です。

年次有給休暇の繰越しと比例付与とは

　年次有給休暇は、翌年度まで繰り越すことができるため、繰越し分を合わせると合計で40日分が、法律上は最多の年次有給休暇の保持日数となります。もっとも、労働者が40日の年次有給休暇を保持するといったシーンは実際には考えづらいです。次項で解説する「有休の５日取得義務」に違反するからです。

　また、アルバイト・パートタイマー等、所定労働日数・時間が通常の労働者より少なく、一定の要件に該当する者の年次有給休暇については、法定の年次有給休暇は通常の労働者より少ない日数で発生することになります。これを年次有給休暇の「**比例付与**」といいます。

> ### 年次有給休暇の比例付与
>
> 　次のいずれにも該当する場合は、比例付与の対象となります。
> ①**週所定労働日数が４日以下**（週以外の期間で所定労働日数を定める場合は、**年間所定労働日数が216日以下**）
> 　「かつ」（両方満たすことが必要です！）
> ②**週所定労働時間が30時間未満**
> 　比例付与の対象とする場合は、週所定労働日数に応じた比例付与日数の定めを確認して付与します。

　年次有給休暇は、その目的から暦日取得が原則ですが、就業規則等に定めたうえで労働者が取得を希望した場合は「**半日**」単位で、別途、労使協定を締結した場合は、１年に５日までを限度に、労働者の希望に応じて「**時間**」単位での年休の付与も可能です。

3-4 年次有給休暇の取得に関するルール

年次有給休暇の取得に関してはいくつかルールがありますが、代表的なルールについて紹介しておきましょう。

労働者の「時季指定権」と使用者の「時季変更権」

使用者は、年次有給休暇を、原則として労働者の請求する時期に与えなければなりません。労働者には年次有給休暇の**「時季指定権」**があり、希望する日に年次有給休暇を取得することができるからです。

ただし、使用者（企業側）は、その労働者の希望する年次有給休暇の取得が「事業の正常な運営を妨げる」場合に限り、労働者の年次有給休暇の取得を他の時季に変更することができます。これを使用者の**「時季変更権」**といいます。

年次有給休暇の計画的付与

労使協定を締結した場合には、使用者は労働者に対して、計画的に取得日を定めて年次有給休暇を与えることが可能です。これを**「年次有給休暇の計画的付与」**といいます。

ただし、労働者が自ら請求・取得できる年次有給休暇を最低5日残す必要があること、また、計画的付与を実施する場合においては、労働者の時季指定権や使用者の時季変更権は行使できないこと、さらに、時間単位の年休は計画的付与の対象にはできないことなどに注意が必要です。

年5日の年次有給休暇の確実な取得

2019年4月の労働基準法の改正により、「労働者の年5日の年次

◎年5日の年次有給休暇を取得させるしくみ◎

【例】入社日：4月1日／年休付与日：10月1日（10日付与）

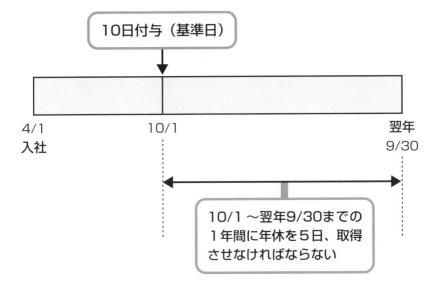

10日付与（基準日）

4/1
入社

10/1

翌年
9/30

10/1 〜翌年9/30までの
1年間に年休を5日、取得
させなければならない

有給休暇の確実な取得」が使用者に義務づけられました。

　具体的には、すべての企業において、年10日以上の年次有給休暇
が付与される労働者に対して、年次有給休暇の日数のうち付与日か
ら年5日については、**使用者が時季を指定して取得させる**ことが必
要です。

　ただし、すでに労働者自らの請求や計画的付与により、年5日の
年次有給休暇を取得している場合には、使用者からの時季指定の対
象にはなりません。

　なお、使用者は、時季指定を行なうにあたっては、労働者の意見
を聴取しなければならず、また、できる限り労働者の希望に沿った
取得時季になるよう、聴取した意見を尊重するように努める必要が
あります。

3-5 法定休暇とそのポイント

 法定休暇とは

　年次有給休暇以外にも、各種法律上、使用者が労働者に対して必ず設けるべきとされている休暇があります。このような休暇を総称して「**法定休暇**」といいます。

　そこで、代表的な法定休暇とそのポイントについて、以下に紹介しておきましょう。

①産前産後休業

● 6週間（多胎妊娠の場合は14週間）以内に出産予定の女性労働者が休業を請求した場合には、その者を就業させてはいけません

● 産後8週間を経過しない女性労働者を就業させてはいけません。ただし、産後6週間を経過した女性労働者から請求があったときは、医師が支障がないと認めた業務には就かせることができます。

②母性健康管理の措置

● 事業主は、雇用する女性労働者が母子保健法の規定による保健指導または健康診査を受けるために、必要な時間を確保することができるようにしなければなりません。

● 事業主は、雇用する女性労働者が保健指導または健康診査にもとづく指導事項を守ることができるようにするために、勤務時間の変更、勤務の軽減等必要な措置を講じなければなりません。

③育児時間および生理休暇

● 育児時間について、生後満1年に達しない子を育てている女性労働者から請求があった場合は、授乳その他育児のための時間を、

一般の休憩時間とは別に、1日2回、それぞれ少なくとも30分の時間を与えなければなりません。なお、1日の所定労働時間が4時間以内であれば、1回の付与で足りるとされています。

●生理日の就業が著しく困難な女性労働者が、休暇を請求した場合は、請求のあった期間は当該女性労働者を就業させてはなりません。なお、生理休暇については、暦日単位のほか半日単位、時間単位であっても、請求できることになっています。

④裁判員等のための休暇

裁判員制度に関し、労働者が裁判員や裁判員候補者となった場合で、労働者からその職務に必要な時間を請求された場合に、使用者はこれを拒んではなりません。

そのほか、育児・介護休業法に定められている、**育児休業**（子が1歳（2歳まで延長可能）に達するまでの育児のための休業）、**介護休業**（要介護状態にある家族を介護するための休業）、**子の看護休暇**（病気やケガをした小学校就学前の子を看護するための休暇）や**介護休暇**（介護が必要な家族の世話等をするための休暇）も、法定休暇の一部です。

そして法定休暇は、各事業場の就業規則に必ず規定しておくべき事項です。

3-6 特別休暇とそのポイント

特別休暇とは

「**特別休暇**」とは、使用者が任意で設ける休暇のことです。

特別休暇は、法定休暇と違って、必ずしも設ける必要のないものですが、休暇自体は従業員に有利なものであり、設ける場合のルールも使用者側に大きな裁量があると考えられています。

ただし、不合理な内容や、他の法律の定めに触れてしまうような内容等のルールはもちろんNGです。

特別休暇は、設けることで従業員の満足度を上げられる、企業としても勤怠管理がスムーズになるなどといったメリットも多くあるので、企業としては積極的に導入を検討してほしいと思います。

特に、企業から導入の要望が多い、一般的な特別休暇については、以下のようなものがあります。

特別休暇は、有給でも無給でも問題はありませんが、特別休暇自体、任意で設けるものなので、無給とすると賃金計算上は欠勤と同じ扱いになってしまうことから、設ける以上は有給扱いとする企業が多いという印象があります。

①慶弔休暇

慶事（結婚、出産等）、弔事（お悔み等）に際して、従業員が休暇を取得することは多く、このような場合に労働者の保有する年休を利用させても問題ありませんが、慶事や弔事は個人にとってそう何度も起こるものではありません。

特に弔事に関しては、本人への配慮という意味からも休暇を設ける企業が多いです。

②夏季休暇・年末年始休暇

　夏のお盆や年末年始にかけて、連休の谷間等を休暇にしたいと考える企業は多く、これらの特別休暇を設けることも一般的です。

　「○月○日は特別休暇」と日にちを特定のうえ一斉に休ませる形でもよいし、「夏季休暇として○日間」「年末年始休暇として○日付与」として年次有給休暇同様に個人ごとに取得させる形でも、いずれも問題はありません。

③入社時特別休暇・シックリーブ

　法律上、年次有給休暇は雇入れ 6 か月後から発生という形になります。

　そのため、入社後すぐに発生した病欠については通常、欠勤扱いとして賃金控除が実施されることになりますが、こうした措置の実施は忍びない、従業員のケガや疾病に備えた休暇制度をつくっておきたいと考える企業もあり、「入社時特別休暇」「シックリーブ」といった名称で、入社後すぐの病欠をカバーできるような特別休暇を設ける企業が多くなっています。

　たとえば、毎年、シックリーブとして私傷病の際に使える休暇を付与するパターンもありますし、入社時特別休暇として「本休暇は初回の年次有給休暇付与の前日まで取得可能とする（年次有給休暇付与と同時に権利は失効する）」と定めるパターンもあります。

　もちろん、この特別休暇は、各社で自由に定めることができますが、上記の規定例のように、初回の年次有給休暇付与と同時に権利を失効させることは、年次有給休暇発生以降の年 5 日取得義務を阻害しないことにもつながり、お勧めの運用のしかたです。

休職制度の運用

休職とは

「**休職**」とは、企業が何らかの理由で就労ができなくなった従業員に対し、「雇用契約を存続させたまま、労務への従事を免除または禁止すること」をいいます。

育児や介護のための休職は、「育児休業」「介護休業」として法律上整備されているので、休職とは主に労働者の「**私傷病休職**」を指すことが一般的です。

私傷病休職制度は、法律上設置が義務づけられているものではありませんが、実は筆者の社会保険労務士事務所では、各企業にぜひ設けていただきたいと指導しています。もし、私傷病によって働けなくなってしまった場合であっても、休職制度によって雇用契約の解消が猶予されることは労働者に有利ですし、企業にとっても大切な従業員の雇用を守ることにつながるからです。

仮に私傷病によって、残念ながら仕事に復帰できない結果になっても、休職期間満了による退職は、自己都合退職でも会社都合退職でもない退職として取り扱われます。具体的には「自然退職」として扱われますが、これについては9－1項でも取り上げています。

休職制度を設ける際の注意点

休職制度は、従業員の雇用を守るという観点、労使いずれの責でもなく雇用契約を解消に持ち込めるという観点から、労使双方にとってメリットが多いといえます。

このような面からも休職制度を設けることを筆者の事務所ではお勧めしているわけですが、実際に休職制度を設けるにあたっては、以下の点に注意する必要があります。

①休職、復職にあたっては、労働者本人の申し出を受け、医師の診断書をそのつど取得すること

前述したように、休職は最終的には自然退職につながり得るものです。また、労働者の私傷病が治癒していないタイミングでの復帰は、さらなる悪化を招きかねません。

後日に休職、復職をめぐって労使トラブルが発生することを防ぐためにも、従業員からの「休職願」や「復職願」を受領しつつ、手続きを進めることが企業にとってのリスク低減になります。また、手続きのつど、医師の診断書も必ず受領しておきたいところです。

②長すぎる・短すぎる休職期間の設定は避けること

長すぎる休職は、労使双方にデメリットをもたらします。

休職中であっても、会社は社会保険料を負担しなければならないし、従業員にとっても休職中は療養に専念できる反面、自らのキャリアは中断してしまいます。後日の不利益変更を避けるためにも、就業規則には比較的短期間の休職期間を定めておき、必要が生じたら個別に延長等の措置を検討すべきと考えます。

とはいえ、短すぎる休職期間の設定も注意が必要です。たとえば、2週間といった休職期間は、一般通念に照らしても短く、この2週間で復職できなければ自然退職…という形は、合理性が認められない可能性があります。

③休職を無制限に繰り返せるような制度設計としないこと

メンタルヘルス不調や精神疾患等は再発しやすいといわれている一方で、特定の従業員だけが延々と休職し続けるといった状況は、他の従業員との公平性の観点からも、なるべくなら避けたいと考える企業は多いです。

その対策として、同一または類似の傷病については休職期間を通算する、1人あたりの休職回数の上限をあらかじめ設定しておくなどで、休職を繰り返すことを事前に防止することをお勧めします。

年次有給休暇の取得率が過去最高に！

　下のグラフは、厚生労働省のホームページに掲載されている「令和４年就労条件総合調査 結果の概況」という資料のなかの「労働者１人平均年次有給休暇取得率の年次推移」というデータです。グラフを見ればおわかりのように、令和４年調査の年次有給休暇の取得率は過去最高となっています。

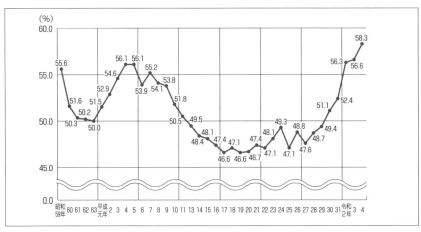

　この調査によると、令和３年の１年間に企業が付与した年次有給休暇日数（繰越日数を除く）は労働者１人当たり平均で17.6日（前年調査では17.9日）、このうち労働者が取得した日数は10.3日（同10.1日）で、取得率は58.3％（同56.6％）となっており、昭和59年以降で過去最高の取得率となっています。

　なお、政府が定めた「少子化社会対策大綱」（令和２年５月29日閣議決定）では、2025年までに年休の取得率を70％にするとの数値目標が示されており、まだ目標とは大きな差があります。

　休日に年休をつなげて連続休暇にしたり、年休の計画的付与を活用するなどして、企業としても１人ひとりがより多くの年次有給休暇を取得できる環境づくりに力を入れるべきではないでしょうか。

第 **4** 章

育児・介護休業制度を
理解しておこう

育児休業や介護休
業のしくみは知っ
ておきたいですね。

出生時育児休業（産
後パパ育休）の知識
も必須です。

育児休業のしくみ

育児・介護休業法とは

　妊娠・出産、育児・介護といった大きなライフイベントの際に、自分はキャリアを継続できるだろうかという不安は、企業で働く人であれば誰しも抱えているだろうと思います。

　「**育児・介護休業法**」は、育児や介護を理由にキャリアを閉ざすことなく、仕事と家庭を両立できるように支援するために設けられた法律です。この法律では、子どもが生まれた際に取得できる「**育児休業制度**」や、家族の介護が必要なときに取得できる「**介護休業制度**」等のさまざまな両立支援制度が定められています。

　昨今、この法律が頻繁に改正されており、よりキャリアとライフイベントを両立しやすいような制度拡充が行なわれています。まず、本項では最新の育児休業制度をみていきましょう。

育児休業とは

　「**育児休業**」は、企業で働く労働者が、子どもが1歳に達する（誕生日の前日）まで休業することができる制度です。

　2022年10月の育児・介護休業法の改正により、育児休業は1回にまとめてではなく、2回に分割して取得することが可能になりました。そのため、従来よりもそれぞれの家庭の状況に応じ、より柔軟に取得ができるようになりました。また、正社員だけではなく、契約社員やパートタイマー・アルバイトといった有期契約労働者も、育児休業を取得することが可能です。

　なお、子どもが1歳6か月になるまでに雇用契約が終了することが決定している人は、育児休業の対象にはなりません。また、労使協定がある場合に、次ページ図の「労使協定による除外」の要件に

◎育児休業の対象とならない人◎

労使協定による除外

労使協定を締結すれば次の①〜③も適用除外可能
①**入社1年未満**の従業員
②申出から1年以内（1歳6か月までの育児休業をする者は6か月以内）に雇用契約が終了することが明らかな従業員
③**週の所定労働日数が2日以下**の従業員

適用除外

①日々雇用される者
②有期契約労働者で子が1歳6か月に達する日までに雇用契約が終了することが明らかな者

当てはまる人は、やはり育児休業を取得することはできません。

 ## 育児休業中の賃金と社会保険料

　育児休業中については、企業は賃金を支給する必要はありません（ただし、企業独自で育児休業を有給と特別に定めている場合は賃金が支給されることがあります）。その代わりに、雇用保険から**育児休業給付**という所得補償の制度が用意されています。

　なお、育児休業中は後述の産前産後休業とともに、社会保険料が免除されます。ただし、免除されている期間も保険料を支払っているものとして、将来の年金給付額には加味されます。

 ## 育児休業とは別物の産前産後休業とは

　「**産前産後休業**」は、育児休業と混同されることも多いのですが、育児休業とはまったくの別物です。

　産前産後休業は、母体保護の観点から労働基準法に定義されている権利であり、対象者についての労使協定等による除外要件はなく、企業で働く女性であれば必ず対象になります（3-5項参照）。

　休業日数は、産前は出産予定日を含む6週間（双子以上は14週間）、産後は8週間です。なお、母体保護の観点からの休業なので、育児休業と異なり男性は対象となりません。

4-2 育児休業は延長できる

育児休業を取得できるのは、原則として子どもが1歳に達するまでですが、育児休業には延長できるしくみがあります。

1歳2か月まで延長できる「パパ・ママ育休プラス」

「パパ・ママ育休プラス」とは、パパとママ（父母）が共に育児休業を取得する場合に、育児休業取得期間を子が1歳2か月に達する日まで延長することができる制度です（ただし、父母それぞれが育児休業を取得できる期間については1年間です）。

なお、次項で説明する産後パパ育休との併用も可能です。

◎パパ・ママ育休プラスのしくみ◎

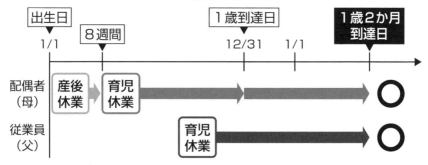

育児休業は最大2歳まで延長可能

育児休業を取ることができるのは、原則として子どもが生まれた日から1歳に達する日（誕生日の前日）までですが、2017年の法改正により**一定の場合**には、1歳6か月から2歳に達するまで延長することが可能となっています。

◎育児休業期間と給付金のイメージ◎

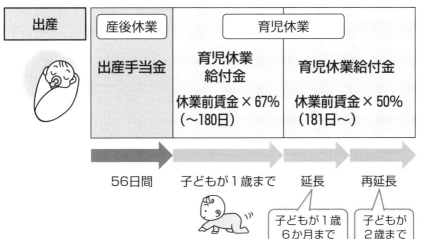

産前・産後休業		育児休業期間		
産**前**休業	産**後**休業	育児休業	**延長**可能期間	**再延長**可能期間
6週間	8週間	子どもが1歳になるまで	1歳6か月まで	2歳まで

出産	産後休業	育児休業	
	出産手当金	育児休業給付金 休業前賃金×67%（〜180日）	育児休業給付金 休業前賃金×50%（181日〜）

56日間　　子どもが1歳まで　　延長　　再延長

子どもが1歳6か月まで

子どもが2歳まで

　実際に、保育園不足の問題はまだまだ解消されておらず、育児休業の延長を希望するケースはまだ多いようです。

一定の場合とは

- ●保育所に入所を希望しているが、入所できない場合
- ●配偶者の死亡、負傷、疾病、離婚等の事情により、子を養育することが困難になった場合

出生時育児休業のしくみ

 産後パパ育休、男性版産休とは

　メディア等でもかなり話題となったため、ご存じの人も多いかもしれませんが、2022年10月より「**出生時育児休業**」（通称、「**産後パパ育休**」や「**男性版産休**」と呼ばれています）制度が創設されました。

　「パパ」や「男性版」と通称されているように、この出生時育児休業は、基本的には**男性を対象としている制度**です。いまだ諸外国に比べて低い男性の育児休業取得率を、底上げするために創設された背景があります。

　出生時育児休業を取得することができるのは、原則として、子の出生後8週間以内の期間内で4週間（28日）以内となっており、2回に分割して取得することが可能です。

　これにより、通常の育児休業とあわせると、男性の場合は育児休業を最大で4回取得できるようになりました。

　そのため、たとえば、妻が里帰りから戻ってきて生活設計が大変なタイミングで、まずは1回目を取得し、妻が育児休業から職場復帰するタイミングで交代して再度取得する、といったように、柔軟に短期間分割でも育児休業がとれるようになったのです。

　なお、出生時育児休業も育児休業と同様に、有期雇用労働者であっても対象となりますが、子どもが生まれて8週間を経過する日の翌日から6か月を経過する日までに、雇用契約が終了することが明らかな人は対象とはなりません。簡単にいえば、子どもの誕生から8か月以内に契約期間が満了することが決定的な人は、出生時育児休業の対象にはならないということです。

◎出生時育児休業の対象とならない人◎

労使協定による除外

労使協定を締結すれば次の①〜③も
適用除外可能
①**入社１年未満の従業員**
②申出から８週間以内に雇用契約が
　終了することが明らかな従業員
③**週の所定労働日数が２日以下の従
　業員**

適用除外

①日々雇用される者
②子の出生日または出産予定
　日のいずれか遅いほうから
　**８週間を経過する日の翌日
　から６か月を経過する日ま**
　でに雇用契約が終了するこ
　とが明らかな者

　また、育児休業と同様に、労使協定がある場合に上図の「労使協定による除外」の要件に当てはまる人は出生時育児休業を取得することはできません。

🧑‍💼 男性版産休中は就労できる

　出生時育児休業には、通常の育児休業制度にはない大きな特徴があります。それは、育児休業中でも就労は可能である、という点です。

　これまで育児休業中については、臨時的な就労に限り例外的に許可されているのみでしたが、出生時育児休業については、労使協定の締結がある場合は、休業中の就労が可能となったわけです。

　ただし、就労日数等には上限が設けられており、「休業期間中の所定労働日・所定労働時間の半分」ということに留意してください。

　休業中の就労が可能になったため、出生時育児休業については、「週２日、月・水に３時間ずつ働く」といった就労も認められることになりました。出生児育児休業を取得する男性にとっては、大きなブランクがなくなるため、育児休業を取得する心理的なハードルが下がり、より育児休業を取得しやすくなったといえます。

4-4 介護休業のしくみ

 介護休業とは

　「**介護休業**」とは、要介護状態にある対象家族（配偶者、父母、子、配偶者の父母、祖父母、兄弟姉妹、孫）１人につき通算93日、合計３回までの休業をすることができる制度です。

　2016年12月までは原則の取得可能回数は１回だったため、やや介護の実態に合っていない使いにくい制度でしたが、2017年からは、３回に分割して取得できるようになりました。

　介護休業は、有期雇用労働者であっても対象となります。しかし、日雇いの人と、介護休業開始予定日から起算して93日を経過する日から６か月を経過する日までに、雇用契約が終了することが明らかな人は対象とはなりません。簡単にいえば、介護休業開始予定日から９か月以内に雇用契約が満了することが決定的な人は対象外ということになります。

　また、労使協定がある場合に下図の「労使協定による除外」の要件に当てはまる人は介護休業を取得することはできません。

◎介護休業の対象とならない人◎

労使協定による除外
労使協定を締結すれば次の①～③も適用除外可能 ①**入社１年未満の従業員** ②申出から93日以内に雇用契約が終了することが明らかな従業員 ③**週の所定労働日数が２日以下の従業員**

適用除外
①日々雇用される者 ②有期契約労働者で、介護休業開始予定日から起算して**93日を経過する日から６か月経過する日**までに雇用契約が終了することが明らかなこと

要介護状態とは？

「要介護状態」とは、病気やケガ、身体・精神上の障害によって、2週間以上の期間にわたり常時介護を必要とする状態をいいます。

「常時介護を必要とする状態」とは以下のいずれかに該当する場合とされています。

❶介護保険制度の要介護状態区分において要介護2以上であること

❷下表の①～⑫のうち、状態2が2つ以上または3が1つ以上該当し、かつ、その状態が継続すると認められること

項目 ＼ 状態	1（注1）	2（注2）	3
①座位保持（10分間一人で座っていることができる）	自分で可	支えてもらえればできる（注3）	できない
②歩行（立ち止まらず、座り込まずに5m程度歩くことができる）	つかまらないでできる	何かにつかまればできる	できない
③移乗（ベッドと車いす、車いすと便座の間を移るなどの乗り移りの動作）	自分で可	一部介助、見守り等が必要	全面的介助が必要
④水分・食事摂取（注4）	自分で可	一部介助、見守り等が必要	全面的介助が必要
⑤排泄	自分で可	一部介助、見守り等が必要	全面的介助が必要
⑥衣類の着脱	自分で可	一部介助、見守り等が必要	全面的介助が必要
⑦意思の伝達	できる	ときどきできない	できない
⑧外出すると戻れない	ない	ときどきある	ほとんど毎回ある
⑨物を壊したり衣類を破くことがある	ない	ときどきある	ほとんど毎日ある（注5）
⑩周囲の者が何らかの対応をとらなければならないほどの物忘れがある	ない	ときどきある	ほとんど毎日ある
⑪薬の内服	自分で可	一部介助、見守り等が必要	全面的介助が必要
⑫日常の意思決定（注6）	できる	本人に関する重要な意思決定はできない（注7）	ほとんどできない

（厚生労働省ホームページより。（注）書きは省略しました）

このように介護休業は、介護保険制度の要介護認定と同じではないため、要介護認定を受けていなくても介護休業の対象となり得ます。介護休業を取得したい場合には、休業開始希望日から2週間前までに会社に申し出をする必要があります。

看護休暇・介護休暇のしくみ

　ここまで育児休業、出生時育児休業、介護休業の制度のあらまし
を見てきましたが、これらの休業は比較的まとめて休むことが前提
の制度です。一方で、育児・介護休業法では「看護休暇」「介護休暇」
という制度も用意されています。これらは単発的に取得することが
できる休暇となっています。

 ## 看護休暇とは

　「**看護休暇**」は、小学校就学前の子を養育する労働者が、申し出
ることにより、小学校就学前の子が1人の場合は年5日、2人以上
の場合は年10日、病気・ケガをした子の看護等のために休暇を取得
することができる制度です。

　看護休暇の取得可能事由の範囲は広くなっており、たとえば、予
防接種を受けさせたり、健康診断を受けさせたりするといった事由
でも取得することができます。

 ## 介護休暇とは

　「**介護休暇**」は、要介護状態にある対象家族の介護その他の法令
で定める世話を行なう労働者が申し出ることにより、要介護状態の
対象家族が1人の場合には年5日、2人以上の場合は年10日、休暇
を取得することができる制度です。

　介護休暇の取得が認められる事由としては、以下のようなものが
あります。

●要介護状態にある対象家族の介護
●対象家族の通院等の付添い

●対象家族が介護サービスの提供を受けるために必要な手続きの代行その他の対象家族の必要な世話

 運用する際の注意点

　看護休暇も介護休暇も、正社員だけでなく有期雇用の人も対象となりますが、会社に労使協定が存在する場合は、以下に当てはまる人は取得することができません。

労使協定による除外

労使協定を締結すれば次の従業員については看護休暇・介護休暇の適用外とすることが可能

①**入社6か月未満の従業員**

②**週の所定労働日数が2日以下の従業員**

　なお、看護休暇・介護休暇については、会社として無給であることも認められており、休みは取れるけれども、給与は引かれてしまうということもあります。

　勤務先が有給・無給かについては、勤務先の育児・介護休業規程や賃金規程に記載されているはずなので、確認してみてください。

　この看護休暇・介護休暇についても、育児・介護休業法の法改正により度重なる改定が加えられています。

　その結果、下図のように以前は1日単位でしか取得ができなかったものが二度の改定で1時間単位で取得できるようになっています。

2016年12月まで		2017年1月から		2021年1月から
1日単位での取得		半日単位での取得		時間単位での取得

4-6 育児・介護のために利用できる制度等

　育児休業・介護休業、看護休暇・介護休暇のほかにも、育児・介護休業法には、仕事との両立のために利用できる諸制度があります。ただし、いずれの制度も会社によっては、労使協定で週所定労働日数が2日以下の人等の除外要件があります。

育児に関する制度

①**短時間勤務制度**…3歳に達するまでの子を養育する労働者について、希望すれば利用できる短時間勤務の措置（1日原則6時間）を実施する制度。

②**所定外労働の免除**…3歳に達するまでの子を養育する労働者が請求した場合に、所定外労働を制限する制度。

③**時間外労働・深夜労働の制限**…小学校就学前までの子を養育する労働者が請求した場合に、1か月で24時間、1年で150時間を超える時間外労働、深夜（22時〜5時）労働を制限する制度。

介護に関する制度

①**短時間勤務制度等**…介護休業とは別に、要介護状態にある対象家族1人につき、利用開始から連続する3年間で2回以上の利用が可能な短時間勤務制度、フレックスタイム制度、時差出勤制度、介護サービスの助成等のいずれかを実施する制度。

②**所定外労働の免除**…1回の請求につき、1月以上1年以内の期間で所定外労働を制限できる制度。請求できる回数に制限はなく、

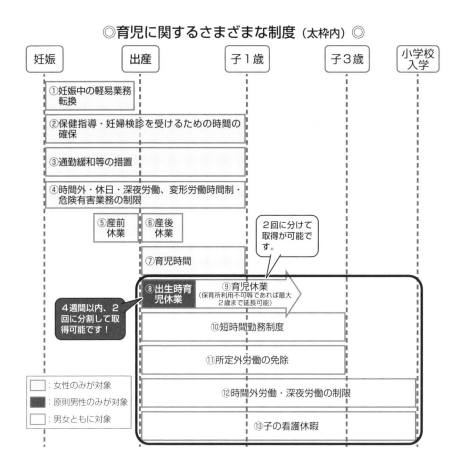

◎育児に関するさまざまな制度（太枠内）◎

介護終了までの必要なときに利用できる。

③**時間外労働の制限**…1回の請求につき、1月以上1年以内の期間で1か月に24時間、1年に150時間を超える時間外労働を制限できる制度。請求できる回数に制限はなく、介護終了までの必要なときに利用できる。

④**深夜労働の制限**…1回の請求につき、1月以上6月以内の期間で深夜労働を制限できる制度。請求できる回数に制限はなく、介護終了までの必要なときに利用できる。

4-7 雇用環境整備と 個別の周知・意向確認の措置義務

　2022年4月より、企業においては以下のことが義務づけられることになりました。

育児休業を取得しやすい雇用環境の整備

　育児休業と産後パパ育休の申し出が円滑に行なわれるようにするため、事業主は以下のいずれかの措置を講じなければなりません。
①育児休業・産後パパ育休に関する研修の実施
②育児休業・産後パパ育休に関する相談体制の整備等（相談窓口の設置）
③自社の労働者の育児休業・産後パパ育休取得事例の収集・提供
④自社の労働者へ育児休業・産後パパ育休制度と育児休業取得促進に関する方針の周知

申し出た労働者に対する個別の周知・意向確認の措置

　本人または配偶者の妊娠・出産等を申し出た労働者に対して、事業主は育児休業制度等に関する以下の事項の周知と休業の取得意向の確認を、個別に行なわなければなりません（取得を控えさせるような形での個別周知と意向確認は認められません）。
①育児休業・産後パパ育休に関する制度
②育児休業・産後パパ育休の申し出先
③育児休業給付に関すること
④労働者が育児休業・産後パパ育休期間について負担すべき社会保険料の取扱い

◎育児休業取得申出者に対する個別の周知・意向確認書の例◎

仕事と育児の両立を進めよう！

育児休業（育休）は性別を問わず取得できます。

対象者	労働者（※配偶者が専業主婦（夫）でも取得できます。夫婦同時に取得できます。） 有期契約労働者の方は、申出時点で、子が1歳6か月を経過する日までに労働契約期間が満了し、更新されないことが明らかでない場合に取得できます。 <対象外>（対象外の労働者を労使協定で締結している場合の例） ①入社1年未満の労働者　②申出の日から1年以内（1歳6か月又は2歳までの育児休業の場合は6か月以内）に雇用関係が終了する労働者　③1週間の所定労働日数が2日以下の労働者
期　　間	原則、子が1歳に達する日（1歳の誕生日の前日）までの間の労働者が希望する期間。なお、配偶者が育児休業をしている場合は、子が1歳2か月に達するまで出産日と産後休業期間と育児休業期間と出生時育児休業を合計して1年以内の休業が可能（パパ・ママ育休プラス）。
申出期限	原則、休業の1か月前までに○○部に申し出てください。
分割取得	分割して2回取得可能

育児休業には、給付の支給や社会保険料免除があります。

育児休業給付

育児休業（出生時育児休業を含む）を取得し、受給資格を満たしていれば、原則として休業開始時の賃金の67％（180日経過後は50％）の育児休業給付を受けることができます。

育児休業期間中の社会保険料の免除

一定の要件を満たしていれば、育児休業をしている間の社会保険料が被保険者本人負担分及び事業主負担分ともに免除されます。

当社では、育児休業等の申出をしたこと又は取得したことを理由として不利益な取扱いをすることはありません。
また、妊娠・出産、育児休業等に関するハラスメント行為を許しません。

育児休業の取得の意向について、以下を記載し、このページのコピーを、
　　年　　月　　　日までに、○○部へ提出してください。

該当するものに○	
	育児休業を取得する
	出生時育児休業を取得する
	取得する意向はない
	検討中

【提出日】　○年○月○日
【提出者】　所属　□□部△△課
　　　　　　氏名　◇◇　◇◇

過去最高となった男性の育休取得率

　厚生労働省が毎年行なっている「雇用均等基本調査」によれば、2022年の男性の育児休業取得率は17.13％で、2021年の13.97％から3.16ポイント増えて過去最高となりました。

　下のグラフが男性の育休取得率の推移ですが、令和元年では7.48％にとどまっていたのが、この数年で劇的に取得率がアップしていることがわかります。実際に労務の現場にいても、男性の育休取得は特に若い世代を中心に珍しいことではなくなり、浸透してきている印象があります。

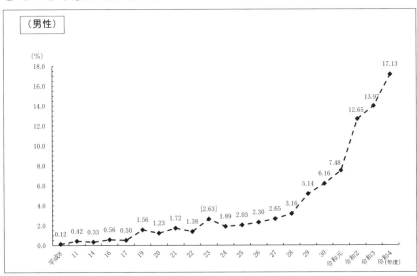

　政府は、男性の育休取得率の目標を2025年までに50％、2030年までには85％に引き上げるとしていますし、まだまだ目標には遠いものの、今後も政策の後押しや、2022年10月からスタートした男性版産休もあり、2023年以降もまだまだ男性の育児休業取得率はアップしていくものと考えられます。

第 **5** 章

賃金・給与のルールを
理解しておこう

賃金支払いの5
原則というもの
があります。

賃金のデジタル払
いもできるように
なりましたね。

5-1

月給制、時給制、年俸制の違い

　「労働者の賃金」は、労使にとって非常に重要な事項です。

　一方、法令上のルールは、「最低賃金を守ること」「割増賃金を支払うこと」、そして後述する「賃金支払いの5原則を守ること」といった最低限のものしか存在しないことから、実際には、賃金の額やその決め方は、業界や職種、事業場ごとに大きく異なることが少なくありません。そこで本章では、一般的な賃金・給与についてのルールを確認していきます。

 ## 月給制とは

　月単位で基本給を定め、基本的に毎月定額の給与を支払うやり方です。月給制は、大きく次の2種類に分けられます。

【日給月給制】

　月単位で決められた基本給を基準としつつ、当該月に遅刻や早退、欠勤等があれば給与からその分を差し引く方法です。正社員に対しては、この日給月給制を採用している企業が最もメジャーです。

【完全月給制】

　日給月給制と対をなす言葉として、その期間中の遅刻や早退、欠勤といった不就労時間数や不就労日数に応じて減額されない支払い方を「完全月給制」といいます。

 ## 時給制・日給制とは

　「時給制」は1時間単位で、「日給制」は1日単位で基本給を定めるやり方です。

　時給制であれば「基本給×勤務時間」、日給制であれば「基本給×勤務日」が給与として支給されます。

柔軟な働き方をすることが多いパートタイマー・アルバイト等に対して多く採用されている方法です。

 ## 年俸制とは

「年俸制」は、1年単位で給与の額を定め、分割した額を毎月支給するやり方です。賞与を年俸額に含むとして、12（1年間の月数）で分割する方法だけでなく、14や16等分で分割した額を毎月支給することも多いです。

年俸制は本来、労働時間に関係なく、労働者の成果・業績に応じて賃金額を決定するために設けられた賃金制度です。

ただしこれは、労働基準法の基本概念である「使用者は労働者の労働時間に応じた賃金を支払う」「時間外労働には割増賃金を支払う」等と相いれないものになります。そのため、年俸制の労働者に対しても、割増賃金のルールは通常どおり及ぶことに注意が必要です。

使用者の方から相談をいただくことが多い「年俸制を導入して、労働者の人件費を1年間で決め打ちとしたい」というようなやり方は、現行法の下では実現できません。

 ## その他の支給方法

その他、「出来高払制」「歩合給制」というような、労働の成果や出来高に応じて給与を決める方式もあります。

ただし、この方式を採用したとしても、成果や出来高が一切ないから給与をゼロとすることはできません。成果等が少ないときも、労働時間に応じて一定額の賃金を保障する必要があります。

また、出来高払制や歩合給制の労働者が法定労働時間を超えて労働した場合には、その部分について割増賃金が必要です。

賃金支払いの5原則をもとに賃金は支払われる

 賃金支払いの5原則とは

　賃金の決め方だけでなく、支払い方についても法令でルールが定められています。

　それは「**賃金支払いの5原則**」というもので、労働基準法24条に定められています。

　これによると、労働者に対しての賃金は、「①通貨で」「②全額を」「③毎月1回以上」「④一定の期日に」「⑤直接労働者に」支払わなければならないと規定されています。

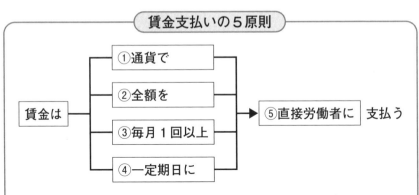

賃金支払いの5原則

賃金は → ①通貨で ②全額を ③毎月1回以上 ④一定期日に → ⑤直接労働者に 支払う

①の例外（通貨以外のものの支給が認められる場合）
　　　●法令・労働協約に現物支給の定めがある場合
②の例外（賃金控除が認められる場合）
　　　●法令（公租公課）、労使協定による場合
③の例外（毎月1回以上、一定期日払いでなくてよい場合）
　　　●臨時支給の賃金、賞与、査定期間が1か月を超える場合の精勤手当・能率手当など

①の「**通貨払いの原則**」は、弊害を招くおそれが多い現物給与を禁じるために定められたものです。現物給与は、価格が不明瞭で売買にも不便であるため、賃金は通貨による支払いが義務づけられています。

②の「**全額払いの原則**」は、賃金の一部を支払い留保することによって、労働者の転職や離職を踏みとどまらせるといったやり方や、第三者による中間搾取を禁止するものです。

ただし、所得税や各種保険料など別途、法令で定められたものについては、使用者は当然に控除可能です。また、物品購入代金など理由が明白なものについては、労使協定を締結することで賃金から控除することが可能です。

③の「**毎月払いの原則**」および④の「**一定期日払いの原則**」は、決まった間隔で、ルールをもって支払いを行なうことで、労働者の生活を支え、不安を取り除くことを目的に定められています。

⑤の「**直接払いの原則**」は、中間搾取を排除し、労務を提供した労働者本人に賃金全額を帰属させるため、労働者本人以外の者に賃金を支払うことを禁止するものです。ただし、例外的に以下のことは認められています。
- 労働者の使者に対して賃金を支払うこと
- 労働者の合意をもって銀行口座や証券口座への振込みにすること

労働者が安心して生活を送るためにも、企業の「賃金支払いの5原則」の理解・遵守は非常に重要です。労働者を雇用する場合には、必ず事前に把握しておきたいところです。また、働く人もこの5原則を知っておいたほうがよいでしょう。

賃金デジタル払いの解禁

 賃金デジタル払いとは

　賃金の支払いは、通貨によることが原則ですが、労働者の同意を得た場合には、銀行口座等への振込にできることは前項で説明したとおりです。

　近年、キャッシュレス決済の普及や送金サービスの多様化が進むなかで、その新たなニーズに対して2023年4月以降、認められるようになったものが「**賃金のデジタル払い**」です。

　これによって、一定の要件を満たすとして、厚生労働大臣が指定した「**資金移動業者口座**」に対して、使用者は労働者が指定する額の賃金を直接支払うことが可能になりました。

　賃金のデジタル払いは、賃金の支払い・受取りの選択肢の1つです。労働者のみならず、使用者に対しても、導入を強制するものではありません。

　引き続き、銀行口座等を介して賃金を支払い続けることも、もちろん可能です。

 賃金デジタル払いを導入する際の注意点

　もし、労働者側のニーズにより、各事業場において、賃金のデジタル払い（労働者の指定資金移動業者口座への支払い）を導入する場合には、まず使用者と労働組合または労働者の過半数を代表する者との間で**労使協定を締結**します。

　そのうえで、実際の実施にあたっては、希望する個々の労働者に使用者側から制度を説明したうえ、**労働者側の同意**を得て実施することになります。

　さらに使用者側は、引き続き銀行口座等での賃金受取りも可能と

◎賃金デジタル払いの活用◎

希望する労働者		希望しない労働者

賃金の一部	残りの賃金	賃金全額
資金移動業者口座 （例：5万円）	銀行口座など	銀行口座など

して、選択肢を合わせて提示したうえで労働者の希望を確認することが必要です。

　一方、労働者側は、資金移動業者口座はあくまでも「支払いや送金に使うものであり、預金に用いるものではない」ことを理解したうえで、**支払いに必要な額のみに**デジタル払いを利用すべきことに留意が必要です。

　また、資金移動業者口座の上限額は100万円以下とされており、この上限額を超えた場合は、あらかじめ労働者が指定した銀行口座等に自動的に出金されます。

　資金移動業者口座の現金化も可能であり、払戻し期間は少なくとも10年間とされています。

　なお、労働者がデジタル払いを希望した場合であっても、現金化できない各種ポイントや仮想通貨などで賃金が支払われることは認められていません。

　このことも誤解がないように、使用者・労働者ともに確認しておきたい点と考えています。

5-4 急激な上昇を続ける最低賃金

 最低賃金とは

　例年7月から10月頃にかけて、「**最低賃金**」というキーワードがメディア等でたびたび取り上げられています。

　最低賃金額は、各地域での求人内容にも色濃く反映されるため、労務管理のなかでもメジャーな項目の1つです。そこで、最低賃金制度についてその内容を確認しておきましょう。

> **最低賃金制度**
>
> 　最低賃金法にもとづき、国が賃金の最低限度を定め、使用者は労働者に対して、その最低賃金額以上の賃金を支払わなければならないとする制度です。
>
> 　国は、使用者に最低賃金以上の支払いを義務づけることによって、国民である従業員の最低限の生活水準を守っています。

　最低賃金は「時間額」で定められ、「**月給制、日給制等すべての給与形態に**」「**パートタイマー、アルバイトを含め、すべての従業員に**」適用されます。

　もし、使用者が最低賃金額より低い賃金を、労働者、使用者双方の合意のうえで定めても、それは法律によって無効とされ、最低賃金額と同額の定めをしたものとされます。

　したがって、最低賃金未満の賃金しか支払わなかった場合には、最低賃金額との差額を支払う必要があります。

 地域別最低賃金と特定（産業別）最低賃金

　最低賃金には、「地域別最低賃金」と「特定（産業別）最低賃金」

◎最低賃金は２種類ある◎

地域別最低賃金

- 都道府県ごとに定められている
- すべての労働者に適用される

特定（産業別）最低賃金

- 特定地域内の特定産業について定められている
- 地域別最低賃金より金額水準が高い
- 基幹的労働者に適用される

の２種類があります。

「**地域別最低賃金**」とは、各都道府県内の事業場で働くすべての労働者とその使用者に対して適用される最低賃金です。産業や職種にかかわりなく、各都道府県に１つずつの最低賃金が定められています。

一方、「**特定（産業別）最低賃金**」とは、たとえば北海道なら乳製品製造業、愛知県なら自動車小売業等というように、特定地域の特定産業に従事する基幹的労働者の賃金を職種別に定めたものです。地域別最低賃金より高く設定されています。

2019年（令和元年）に東京都の地域別最低賃金が初めて1,000円を超え（1,013円。全国平均だと901円）、以降も引き続く物価高騰に合わせて急激な上昇を続けています。

なお、2023年10月からは東京都の地域別最低賃金はついに1,100円を超えて1,113円となりました（全国平均だと1,004円）。今後もこの最低賃金上昇の動きは続くと予想されています。

最低賃金は、使用者にも労働者にも、非常に重要な制度です。毎年見直される10月に向けて必ずチェックしておきましょう。

割増賃金のルール

 割増賃金とは

　使用者は、原則として時間外労働・休日労働をさせてはなりませんが、**３６協定**（２－４項参照）を締結した限りにおいて、適法に時間外労働・休日労働をさせられることはすでに説明したとおりです。

　使用者は、労働者に以下の労働をさせた場合は、労働基準法で定める割増率を適用して割増賃金を支払わなければなりません。

割増賃金の種類と割増率

①**法定時間外労働**（１日８時間超、週40時間超）
- １か月60時間以内の場合：25％以上
- １か月60時間を超える場合：50％以上

②**深夜労働**（午後10時〜午前５時）：25％以上

③**法定休日労働**（法定休日）：35％

　上記は法定の割増賃金についての規定であり、各社で就業規則や賃金規程等に定めた割増賃金のルールとは異なる場合があります。

　たとえば、会社で法定労働時間未満の所定労働時間を定めている場合に、所定労働時間を超えた時間に対しても割増賃金を支払うと就業規則等で規定していれば、支払義務が生じることになるため、自社のルールをよく確認することが必要です。

　また、これからルールをつくるという会社は、まずはリーガルミニマムな規定にしておき、必要があれば労働者有利に変更することを、筆者の事務所ではお勧めしています。

60時間超えの割増賃金率アップ

　2023年4月1日から、すべての事業主に対して、月60時間を超える時間外労働の割増賃金率が125％から150％に引き上げられました。

　実は、大企業については2010年からすでに引上げが義務づけられていましたが、中小企業についてはそれまで適用が猶予されていたのです。

　これによって、すべての事業主は、労働させた分の月60時間を超える時間については、150％（以上）での時間外労働手当の支払いが適用されることになったわけです。

　これは、労働者が長時間労働によって心身の健康を損なうことを防ぐため、長時間労働が発生する企業には、コスト面でペナルティーを負わせることで、長時間労働の発生を抑止・防止するという国の対応方針が明確にルールに表われているものと考えられます。

　上記割増賃金率の引上げによって、60時間超の時間外労働が深夜に及ぶと、175％（時間外労働分150％＋深夜労働分25％）の割増となり、ほぼ時間単価が通常の2倍近くになってしまうようなケースも発生します。

　企業側にとっては、やや手痛いルール変更であり、なるべく労使ともに協力して60時間を超えるような長時間労働は削減していきたいところです。

未払賃金の請求時効

 未払賃金の請求時効は延長された

　使用者から支払われるべき労働者の賃金に未払いがあった場合、従来は、その請求時効は2年間とされていましたが、消滅時効に関する民法改正を契機に労働基準法も改正され、未払賃金の請求時効が延長されました。

　すべての労働者を対象に、以下にあげるような改正が行なわれています。

［ 未払賃金の請求時効に関する改正 ］

①賃金請求権の消滅時効期間の延長（労基法115条）

　賃金請求権の消滅時効期間を5年（旧法では2年）に延長しつつ、当分の間はその期間が3年とされています。

②賃金台帳などの記録の保存期間の延長（労基法109条）

　賃金台帳などの記録の保存期間を5年（旧法では3年）に延長しつつ、当分の間はその期間が3年とされています。

③付加金の請求期間の延長（労基法114条）

　付加金を請求できる期間を5年（旧法では2年）に延長しつつ、当分の間はその期間が3年とされています。

各種期間	旧法		現行法
賃金請求権の 消滅時効期間（労基法115条）	2年	⇒	5年（当分の間は3年）
記録の保存期間（労基法109条）	3年	⇒	5年（当分の間は3年）
付加金の請求期間（労基法114条）	2年	⇒	5年（当分の間は3年）

◎賃金請求権の消滅時効のしくみ◎

【2020年4月1日に発生した賃金請求権の場合】

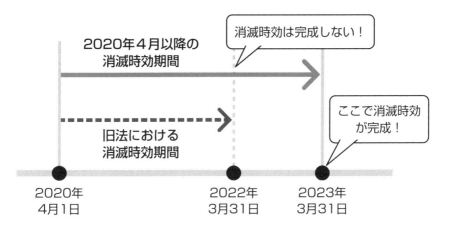

この改正の対象となるのは、2020年4月1日以降に支払い期日が到来する賃金です（割増賃金、年次有給休暇中の賃金、休業手当等、すべての賃金が対象になります）。

ただし、法律上の賃金請求権についての消滅時効期間は、賃金支払期日から5年（これまでは2年）に延長されたものの、当分の間はその期間は3年となります。

なお、前ページの改正事項③にある「付加金」とは、割増賃金や休業手当等の違反があった場合に、裁判所が、労働者の請求により、事業主に対して賃金に加えて支払いを命じることができるものをいいます。

毎月欠かさず賃金が支給されていたとしても、割増賃金の計算基礎となる基準内賃金が誤っている場合など、使用者の自覚なしに賃金の未払いが起きてしまうケースもあります。

このようなケースに関しても当然、請求時効延長（当面3年）の対象になるため、十分に注意する必要があります。

賞与支給のルール

 賞与とは

「**賞与**」とは、いわゆるボーナスのことです。

労働基準法の関連通達で、賞与については、「定期または臨時に、原則として労働者の勤務成績に応じて支給されるものであって、その支給額があらかじめ確定されていないもの。定期的に支給され、かつその支給額が確定しているものは、名称に関わらず、賞与とはみなさないこと」と示されています。

また、健康保険法、厚生年金保険法では、賞与のことを「賃金、給料、俸給、手当、賞与その他いかなる名称であるかを問わず、労働者が労働の対償として受けるすべてのもののうち、3か月を超える期間ごとに受けるもの」と定義しています。

つまり、労働者が労働の対償として受け取るもののうち、年3回以下のものが賞与に該当します。

そして、「労働の対償」「年3回以下の支給」という条件を満たせば、賃金、給料、俸給、手当など名称にかかわらず賞与に該当します。

そのため、労働の対償としての性質をもたない、雇用主が恩恵的に支給する「大入袋」や「見舞金」「結婚祝金」などは賞与とみなされません。

 賞与支給のルールに関する注意点

賞与は、毎月支給する給与とは異なり、必ず支払わなければならないものではありません。

支給要件や支給時期、計算方法などは、労働基準法やそのほかの関連法令にも定めはなく、原則として雇用主と労働者の間で自由に

決められます。

そのため、賃金規程に「賞与は毎年6月、12月に支給する」等と詳細を定めている企業もあれば、「業績が好調なときに支給する場合がある」などのざっくりとした文言のみとしている企業まで、その規定のしかたはさまざまです。

賞与について細かくルール化することで、支払えなかった場合に労働者とトラブルに発展する可能性もあります。

前述したように、賞与の支払いは法律上必須ではなく、賞与を出せるかどうかは、企業の経営状況や業績とも大きく関わります。

不要なトラブルを防ぎたいのであれば、企業としては「賞与は業績によって支給する場合がある」のように、大まかに定めておくほうがベターといえます。

実際に、賞与の支給に関する裁判例の多くでは、「就業規則上、賞与の支給規定に具体的な支給率や額が定められておらず、使用者の決定や労使の合意・慣行がない場合は、賞与請求権は具体的に発生しない」との判決が出ています。

そのため賞与に関するルールは、取り決めが必要な最低限の部分を無理のない範囲で決めておく、といったことがお勧めです。

ただし、賞与について規定する場合には、**「支給日在籍要件」**は定めておきたいところです。

賞与の支給日在籍要件とは、「賞与支給日に在籍しない場合は賞与を支給しない」とすることであり、この規定がない場合は、賞与支給日の前日に退職した労働者でも、賞与支給の対象となる計算期間のうちの勤務期間の割合に応じて請求権を有すると考えられています。

すでに退職した労働者より、今後も在籍して長く企業に貢献してくれる労働者に賞与を払いたいと考える企業は多いと考えられるので、企業側としては必ずチェックしておきたいところです。

5-8 人事考課のルール

人事考課（昇給・降給）とは

　本章ではここまで、賃金にまつわる各種ルールを確認してきました。

　ただし、「月次賃金は最低賃金を下回らないように」「賞与を支払う場合は年3回以下になるように」等という基本的なルールはあるものの、肝心の「自社の労働者の給与額をどう決めるか」「賞与の有無や金額をどう決めるか」という部分は、各社の決定に委ねられています。

　毎月の給与額や賞与の有無については、労働条件通知書や雇用契約書のなかで個別に明示することで、法律上の義務は満たすものの、そもそも企業が労働者の給与額や賞与額をどう決めるかという部分は、各社の「**人事考課**」、いわゆる査定と紐づけられていることが多いです。

人事考課の効果

　昇降給（金額の据え置きを含む）は、労働者にとって非常に重要な事項であるため、各社で人事考課に関するルールを定め、それに紐づいて昇降給を実施することで、労使にとって納得性のある賃金額の決定ができます。

　日本企業では慣例上、1年に最低でも1回以上の賃金改定を行なうとする企業が多くなっています。

　もしすぐには、人事考課に関する規程やルールが準備できないという場合でも、たとえば労働者自らが期初に定めた目標を期中でどれだけ達成できたかによって、給与や賞与の額を決定する等、なるべく客観的で定量的な指標に沿って人事考課を実施することがトラ

ブル防止にはお勧めです。

降給を実施する際の注意点

　なお、昇給は労働者有利な事項であるため、就業規則の規定等に根拠がなくても実施ができ、企業が一方的に実施したとしても実務上トラブルになることは多くないと考えられます。

　しかし、降給は労働者に不利な事項であるため、就業規則や賃金規程に「降給を実施する場合がある」との根拠を設けたうえで実施することが必要です。

　さらに、賃金の改定は個別労働契約の変更にあたります。

◎降給の場合の合意取得のフォーマットの例◎

令和○年○月○日

労働条件変更通知書兼同意書

株式会社○○
代表取締役　○○　○○

＿＿＿＿＿＿＿＿　殿

令和○年○月度（○月○日支給給与）をもって貴殿の労働条件を、以下の通り変更します。

記

部署	
賃金	下記のとおり、○月度より変更する。 号棒：○○ 総額： ○○○円 内訳： 基本給○○○円 固定残業手当○○○円（月○時間分の時間外労働割増賃金相当額） 役職手当○○円
備考	

以上

上記以外の条件は就業規則、および労働条件通知書兼雇用契約書の定めに従うものとします。

同意書

上記内容を確認し、労働条件の変更に同意いたします。

令和○年○月○日

氏名：＿＿＿＿＿＿　印

　降給は労働契約の不利益変更にあたり、その不利益変更は労働者の合意なしには実施できないため、降給を実施する場合は、新賃金額を記載したうえで再度雇用契約書を作成し直す、または左のような書面で変更部分を通知したうえで労働者の合意を取って実施することが必要です。

キャリアアップ助成金

　労働者の賃金アップを要件にした企業向けの助成金制度は多くあり、たとえば、雇用保険二事業で運営されている「キャリアアップ助成金」もその１つです。

　この助成金は、いわゆる非正規雇用労働者の企業内でのキャリアアップを促進するため、「正社員化」「処遇改善」の取組みを実施した事業主に対して助成されます。

　キャリアアップ助成金は、複数のコースから構成されていますが、「正社員化コース」は特に各社の注目を集めています。

　この正社員化コースは、就業規則等にあらかじめ「正社員転換制度」を定めたうえで、６か月以上の期間を雇用した有期労働者等を正社員化した企業に支給されるものです。

　申請するには、有期労働者から正規労働者への転換にあたり、転換後の賃金を転換前の賃金と比べて３％以上増額させることが必要です（従前は５％アップが必要とされていましたが、３％に緩和されました）。

　2022年10月を境にルールの難化（正社員定義の変更）もありましたが、今後は新たな制度の拡充も予定されています（短時間労働者の社会保険加入要件の拡大を背景にした「年収の壁」対策等）。

　非正規労働者の正規社員への転換によって、企業は長期的な労働力を獲得できる一方で、労働者も賃金アップにより本人のモチベーションも向上する等、労使双方にメリットが多い助成金です。

　各種助成金の要件は、将来的に国が実現したい方針とリンクしており、要件の隅々まで注目しておくとよいでしょう。

第 6 章

人事異動のルールを
理解しておこう

人事異動にもい
ろいろな種類が
ありますね。

雇用契約書には就
業場所の変更の範
囲等の明示が義務
化されます。

人事異動のルール

 人事異動とは

　企業で働くにあたっては、部署の異動や職務変更といった、「人事異動」が行なわれることは珍しくありません。特に、全国に拠点が多く存在するような企業の場合は、人事異動によって勤務地ががらっと変わるといったこともあります。

　本章では、働く人にとっては影響が少なくない人事異動について、説明していきます。

　人事異動とは、簡単にいえば「企業の命令によって、従業員の地位や配置が変わること」をいいます。経営上の都合や職場の活性化、本人の適性に合わせたり、能力開発のための教育等を目的として行なわれることが多くなっています。

　ただし人事異動については、労働基準法などの法律で明確に定義されているわけではないので、企業によってその定義が異なるケースがあります。

 人事異動の種類

　一般に、人事異動には以下にあげるような種類があります。

①配置転換
　同一勤務地（事業所）内での職務内容または勤務場所（所属部署）の変更を指すことが多くなっています。

②転勤・駐在
　勤務地の変更を伴う職務内容または勤務場所（所属部署）の変更

を指すことが多くなっています。海外への勤務地の変更の場合には、「駐在」と使い分けることが多いです。

③出向

出向には「**在籍出向**」と「**転籍出向**」がありますが、前者は出向元である企業に在籍のまま出向先となる他社とも雇用関係を締結する形態をいい、後者は出向元である企業との雇用契約を解消し、出向先となる他社とのみ雇用関係を締結する形態をいいます。

④転籍

いったん所属していた企業を退職し、他社へ雇用関係を異動させることをいいます。

⑤昇格・降格

人事等級上のランクが上がることを「昇格」といい、逆に下がることを「降格」ということが多くなっています。

⑥昇進・降職

部長や課長等の役職が上がることを「昇進」といい、逆に下がることを「降職」ということが多くなっています。

その他にも、一時的な勤務地の変更を「応援」と定義づけていたり、企業によってはより細かく定義しているケースもありますが、おおむね人事異動には上記のような種類があります。

実際に、どのような人事異動があるのかは、勤務先の就業規則に記載されていることが多いので、気になる人は確認してみるとよいでしょう。

人事異動に伴う手続き

人事異動を通知されるときの流れ

　企業で働く人から「人事異動のシーズンになると、そわそわする…」という声を聞くこともありますが、一般的に人事異動とはどういった流れで行なわれるのでしょうか。

　通常、いきなり「明日から○○支店に転勤ね！」と通知されることは少なく、一般的にはまず「**内示**」というものが出されます。

　内示とは、人事異動に際して、正式に通達する前に、本人やその上長等の関係者に事前に内々に人事異動情報を伝えることを指します。

　内示を出す時期やその手続き方法には、法的な決まりがあるわけではありませんが、人事異動に際しては、従前の業務の引継ぎも必要ですし、住所の異動を伴うような転勤の場合には、それなりに準備が必要となります。

　そのため、一般的には内示は、人事異動の1か月前程度には行なわれることが多いようです。

転勤の打診はどれくらい前にある？

　ちょっと古い資料ですが、独立行政法人労働政策研究・研修機構による2017年の「企業の転勤の実態に関する調査」において転勤前の打診時期についての調査結果があります。

　これによると、「国内転勤」の場合には、転勤前の打診時期は次のとおりです。

- 1日〜1週間前：8.2%
- 1週間超〜2週間前：13.3%
- 2週間超〜1か月前：34.9%
- 1か月超〜2か月前：32.5%
- 2か月超〜3か月前：7.6%
- 3か月より前：3.6%

一方、「海外転勤」の場合の打診時期は次のとおりです。

- 1日〜1週間前：1.2%
- 1週間超〜2週間前：2.7%
- 2週間超〜1か月前：11.2%
- 1か月超〜2か月前：30.7%
- 2か月超〜3か月前：23.9%
- 3か月より前：30.4%

つまり、国内転勤の場合は「2週間超〜1か月前」が34.9％と最も多く、次いで「1か月超〜2か月前」が32.5％となっています。海外転勤の場合には「1か月超〜2か月前」が30.7％と最も多く、次いで「3か月より前」が30.4％と、かなり余裕をもったスケジュールで内示が行なわれていることがわかります。

特に、海外転勤の場合には、赴任地での住まいや就労ビザの取得等も必要となり、その取得には数か月かかることも多いことから、3か月前程度には伝えられることが多いでしょう。

内示の方法

内示の方法は、対面でも書面でも、メールやチャットツール上であっても問題はないため、企業によって任意の方法で行なわれます。

転勤は企業にとっても、本人にとっても、働く環境が大きく変わる重要な事項であるため、オンラインコミュニケーションが多くなった現在でも、まずは所属長等を交えて個室でオフラインの対面コミュニケーションを通して行なわれることが多い印象です。

また、内示と混乱しやすい言葉として「**辞令**」があります。内示は、正式に決定する前の打診ベースで行なわれることに対し、辞令とは、内示を経て正式に決定した人事異動について通知するものです。

内示は、上述のようにオフラインの対面コミュニケーションで行なわれることが多いですが、一方の辞令については、企業の正式な人事異動の発令になるため、トラブル防止のために書面やメール等の記録が残る形で行なわれることが一般的です。

人事異動は拒否できるか

 異動が本意でなければ拒否できるの？

　実際に人事異動を命じられた場合には、労働者本人にとって必ずしも本意でない部署への異動等もあり得るでしょう。

　しかし、人事異動について命じられた際に、拒否することはできるのでしょうか。

　就業規則等に人事異動の根拠が規定されている場合には、原則として従業員側が人事異動を拒否することは難しいと考えられています。

　企業には、労働契約にもとづき「**人事権**」というものがあります。これは、社内における労働者の採用、配置、懲戒、解雇等を決定する権利です。

　人事権については、昨今の判例では就業規則に明確な根拠がない場合に「無効」と判断されているケースもあり、人事異動の根拠は明確に就業規則に明記が求められます（次ページの就業規則の規定例を参照）。

 就業規則の作成義務と注意点

　従業員10名以上の企業には、就業規則の策定が労働基準法上、義務づけられており、人事異動の条文も明記されていることが多くなっています。

　一方で、就業規則に明確な記載がない場合には、従業員側としては異動命令を拒否する根拠にはなります。

　ただし、人事異動のなかでも「転籍」については個別の同意がなく行なうことはできないとされています。

■就業規則の規定例

（異動の種類と事由）
第○条　会社は、経営や業務の都合上必要がある場合は、職場の活性化、本人の適性、能力開発を目的とした教育等のために、従業員に対し人事異動を命じることがある。
2　前項の命令を受けた従業員は、正当な理由なくこれを拒むことはできない。

　というのも、転籍は在籍していた企業を退職し、別の企業に籍を移すという大きな身分の変更です。
　そのため、就業規則に根拠があっても、別途、個別の同意がない場合には転籍は拒否することが可能です。

　なお、就業規則に根拠がある場合には、セットで懲戒解雇の条文の対象となる事項に「人事異動命令に従わない場合」と記載しているケースも多く、安易に人事異動に従わないことは、懲戒解雇となる可能性もあります。
　しかし、就業規則に人事異動の根拠があったとしても、「人事権の濫用」と認められる場合には、人事異動命令は無効となります。これについては、次項で詳しく解説します。

6-4 人事異動と人事権の濫用

 ## 人事権の濫用とは

　企業の経営層や人事労務担当者はもちろん、企業で働く労働者の人も知っておきたい事項として「**人事権の濫用（らんよう）**」という概念があります。

　前項でも触れたように、企業には、広く認められた人事権があるとされていますが、一方でその権利行使が社会的に許容される限度を超えている場合や、労働者が著しく不利益を被る場合などは、「人事権の濫用」として訴訟においては、人事異動が無効になる可能性があります。

 ## 人事権の濫用と判断される場合

　では、具体的にはどういった人事異動が無効となる人事権の濫用にあたると考えられるのでしょうか。

　判例では、以下のようなケースに当てはまる場合には、人事権の濫用に当てはまると判断されています。

人事権の濫用と判断される場合

①業務上の必要性がないのに人事権を行使しているケース

　人事異動が企業の業務運営上必要がない場合には、人事権の濫用として認定される可能性がありますが、通常、判例でもこの業務上の必要性は比較的広く認められているため、従業員側の主張が否定されることは稀です。

②通常従業員として甘受すべき程度を著しく超え、不利益を被らせるケース

これは、一般通念として我慢すべき範囲を超えるような、著しい不利益を従業員にもたらすような人事異動のことをいいます。

　つまり、単に「単身赴任になる」といったことや、「通勤時間が従前より長くなる」程度では足りず、判例上は介護が必要な重病の家族を労働者本人が世話をしていて、単身赴任せざるを得ない勤務地に異動になるような事例が、人事権の濫用として認定されています。

③嫌がらせや見せしめといった不当な動機・目的があるケース

　ある特定の従業員について、企業の文句をたびたびいうので、嫌がらせのためにわざと住居から遠い勤務地への異動を命じるといった、いわゆる「報復人事」と呼ばれるようなケースは、人事権の濫用として無効になります。

　実務上は、①や③が問題となるケースは少なく、問題となる多くの場合は②です。

　昨今は特に、共働きの家庭が増えており、育児・介護等と両立している従業員も多いですが、育児・介護休業法26条には、「事業主は、その雇用する労働者の配置の変更で就業の場所の変更を伴うものをしようとする場合において、その就業の場所の変更により就業しつつその子の養育又は家族の介護を行うことが困難となることとなる労働者がいるときは、当該労働者の子の養育又は家族の介護の状況に配慮しなければならない」と定められています。

　このように、育児や介護を行なう従業員への転勤命令は、企業側にはより慎重な姿勢が求められているといえるでしょう。

6-5 雇用契約時の就業場所、業務の変更の範囲の明示義務

 就業場所・業務の変更の範囲の明示が義務化

　2024年4月から、雇用契約の締結のタイミング、有期雇用契約の更新のタイミングで、「就業の場所・従事すべき業務の変更の範囲」を明示する義務が創設されます。

　現行の労働基準法で企業は、従業員に対して雇用契約書や労働条件通知書等で必ず以下の事項（「**絶対的明示事項**」といいます）を明示する義務があります。

絶対的明示事項

1．労働契約の期間に関する事項
2．就業の場所および従業すべき業務に関する事項
3．始業および終業の時刻、所定労働時間を超える労働の有無、休憩時間、休日、休暇ならびに労働者を二組以上に分けて就業させる場合における就業時転換に関する事項
4．賃金（退職手当および臨時に支払われる賃金等を除く）の決定、計算および支払いの方法、賃金の締切りおよび支払いの時期ならびに昇給に関する事項
5．退職に関する事項（解雇の事由を含む）
（※）退職金等の定めをした場合に明示しなければならない事項（「相対的明示事項」といいます）もあります。

　上記の「2」に関しては、これまでは「雇入れ直後」のものを記載することで足りるとされていましたが、2024年4月からは、雇用契約書や労働条件通知書等の記載は、次のように「雇入れ直後」に加え、「変更の範囲」も明示する義務が加わります。

	Ⅱ　定年後引き続いて雇用されている期間	
就業の場所	（雇入れ直後）	（変更の範囲）
従事すべき業務の内容	（雇入れ直後）	（変更の範囲）
	【有期雇用特別措置法による特別の対象者（高度専門）の場合】・特定有期業務（　　　　　　　　開始日：　　完了日：　　　）	

なぜ就業場所等の変更の範囲の明示が義務化されたのか

　これまでは、将来の人事異動に伴う就業場所や業務内容の変更について、雇用契約書や労働条件通知書等に記載するかどうかは企業に委ねられているため、人事異動の範囲の認識について、企業と従業員の間で誤解が生まれる余地がありました。

　特に、支店で採用された人などは、「何となく地域限定だと思っているけれど、労働条件通知書には特段の記載がない」といったケースもあるかもしれませんが、今後はこうした曖昧な部分が排除されていくことになります。

　その結果、意図せぬ転勤等のトラブルが生まれにくくなることが予想されます。

　なお、就業場所や従事すべき業務に関する変更の範囲を、どこまで具体的に記載すべきか等については、本書を執筆時点では未定なことが多いものの、こうした変更の範囲の明示義務が始まることで、異動の範囲について労使ともに意識が高まることは間違いありません。

転勤を廃止する企業も登場

 転勤に対する企業の考え方が変わった！

　新型コロナウイルスの感染拡大によって、私たちの働き方も大きく変わり、リモートワークがより広く浸透することになりました。

　リモートワークの浸透によって、どこにいても仕事ができるといった考え方も広がり、一部の企業では転勤制度を廃止したり、従業員自身が転勤を選択できるような動きが進んでいます。

　たとえば、2021年9月末には、ＮＴＴグループが「転勤・単身赴任」を原則廃止する方針を打ち出したことが話題になりました。

　また、東京海上日動火災保険は2026年度までに、本人の同意がない転勤を廃止することを明らかにしています。

 企業が転勤を廃止する理由とは

　現在、就労人口が減るなか、企業の人材獲得競争はますます激化しています。

　少しでも求職者を惹きつける魅力のある企業とならなければ、優秀な人材を獲得できない時代が到来しているのです。

　転勤制度については、従業員の人生設計にも大きな影響を及ぼす問題です。

　転職サイトの「エン転職」の調査によれば、「転勤は退職を考えるキッカケになりますか？」という問いに対し、20代、30代、40代以上に分けて回答割合を出していますが、どの年代もその割合に大差はなく全体では次のような回答割合になっています

●なる：31%　●ややなる：33%　●どちらともいえない：26%

●あまりならない：7%　●ならない：3%

つまり、60％以上の人が、転勤を打診された場合には退職を考えるキッカケになる、と回答しています。

　転勤がないということは、それ自体が企業の魅力を高める要因となるため、コロナ禍によるリモートワークの浸透もきっかけにして、転勤の廃止を行なう企業が増えてきていると考えられます。

　かつてはあたり前であった転勤も、コロナ禍による新しい働き方への価値観や採用競争の激化等のなかで、転勤については、より多くの企業が今後も見直しを迫られることになるのではないでしょうか。

増える「転勤なし求人」

　求人検索エンジン「Indeed（インディード）」の日本法人である Indeed Japanは2023年5月18日に、「転勤」に関する意識調査の結果を発表しました。

　同調査によれば、Indeed上で「転勤なし」に言及した仕事の割合は、2018年からの5年間で最大3倍に増加しており、2022年3月以降で見ると、正社員求人の15％以上を占めているということです。

　広域に事業活動を展開する企業においては、居住地の変更を伴う異動として、いわゆる「転勤」が生じることが少なくありません。しかし転勤は、生活の本拠等を長期にわたり変更させ、従業員の暮らしぶりに大きな影響を及ぼします。

　そのため、転勤の実施においては、企業側の目的（事業運営上の都合や人材育成等）と、従業員側の事情や意向（仕事と家庭生活をどう両立するか等）にうまく折り合いをつけることが、とても重要です。

　近年は、共働き世帯の増加によって育児や介護に従事しつつ働く従業員や、1社に長くとどまることを重視しない（意に沿わない異動に対しては退職も辞さない）従業員が増えたと考えられることから、日本の雇用慣習の1つとしての転勤の実施は、さらにハードルが上がっているといえます。

　転勤等への皮肉を込めて「配属ガチャ」（希望する勤務地や部署に配属されるかどうか、わからないことを、カプセルトイの「ガチャガチャ」にたとえた言葉）といったワードも生まれていますが、人手不足が深刻になり、人材の奪い合いが生じているなかで、こうした「転勤なし求人」は、今後も増えていくものと予想しています。

第 7 章

ハラスメントの知識を
身につけよう

ハラスメントに
もいろいろな種
類がありますね。

男性も女性も、
上司も部下も必
須の知識です。

身近にあるハラスメント

ハラスメントとは

　昨今、「ハラスメント」についてのニュースは、メディア等でも目にする機会が増えていると感じます。

　企業におけるハラスメントには、性的な嫌がらせである「セクシュアルハラスメント」、職場内の地位の優位性等を利用した嫌がらせである「パワーハラスメント」、育児・介護に関しての嫌がらせである「マタニティ・パタニティハラスメント」「ケアハラスメント」等があります。

　ハラスメントは、平成初期の1980年代から社会問題として認知されるようになり、1989年には「セクハラ」という言葉が新語・流行語大賞を受賞しています。

　2000年代には、職場内の地位の優位性等を背景とするパワーハラスメント（パワハラ）への意識も高まり、令和の現在では、セクシュアルハラスメント、パワーハラスメント、マタニティ・パタニティハラスメント（マタ・パタハラ）、ケアハラスメント（ケアハラ）はすべて法律で厳しく企業に防止措置が義務づけられています。

　ハラスメント自体は直訳すれば「嫌がらせ」であり、複数の人がいるところであれば、企業でなくともどこでも発生しうる問題です。

　そのため、上記のハラスメント以外にも、○○ハラスメントと称するものは数多くあり、たとえば、望まない飲酒を強要される「アルコールハラスメント（アルハラ）」や悪質なクレーマー等顧客からのハラスメントである「カスタマーハラスメント（カスハラ）」

などがあります。

ハラスメントの知識は働く人の必須常識

　厚生労働省の令和2年度「職場のハラスメントに関する実態調査」によれば、過去3年間に勤務先でセクハラを経験したことのある労働者は10.2%、過去3年間に勤務先でパワハラを経験したことのある労働者は32.5%、過去5年間にマタ・パタハラ、ケアハラを経験した労働者は26.8%ということで、実に多くの人がハラスメントを経験したことがあると回答しています。

　一方で、過去3年間にハラスメント行為をしたと感じた、指摘された労働者の割合は7.7%となっており、ハラスメントの加害者側にはハラスメントの意識がない、というケースが非常に多いことがわかります。

　日々労務の現場にいると、職場で起きるハラスメントはほとんどが加害者に明確なハラスメントの意識がない場合が多く、だからこそ日々の言動に注意する必要があります。

　一度ハラスメントを起こしてしまうと、加害者・被害者自身はもちろんのこと、周囲の人や企業を取り巻くステークホルダーにいたるまで、その影響範囲は大きく、マイナスの影響は計りしれません。

　特に、前述のように、セクハラ、パワハラ、マタ・パタハラ、ケアハラはすでに法律上、企業の防止措置が課されており、企業の人事労務担当者はもちろんのこと、企業で働く人にとっては、これらの知識を身につけておくことは、自身が被害者、加害者とならないためにも、最重要の知識、もはや**働く人の必須常識**といってもいいと考えています。

7-2 セクシュアルハラスメントの知識

 ## セクシュアルハラスメントとは

「**セクシュアルハラスメント**」（セクハラ）とは、職場において行なわれる、①受け手の意に反する性的な言動により、②労働条件について不利益を受けたり、就業環境が害されることをいいます。

なお、この「職場」の定義ですが、オフィス内だけを職場というわけではありません。歓送迎会や、取引先との懇親会、接待等の場であっても、業務の延長上として「職場」とみなされます。

厚生労働省の令和2年度「職場のハラスメントに関する実態調査」によれば、「セクハラを受けた場所」については、以下にあげる場所が上位5つとして回答されています（過去3年間にセクハラを受けた者814名を対象とした回答）。

- 通常就業している場所（事務所、店舗、工場等）……67.0%
- 就業時間外の懇親の場……………………………………12.0%
- 業務で使用する車中…………………………………………10.3%
- 取引先との打ち合わせの場所（接待の席を含む）…… 7.6%
- 就業時間外、休日の連絡（電話、メール等）………… 6.5%

つまり、「就業時間外の懇親の場」や「車の中」におけるセクハラが10%以上あることがわかります。

 ## 性的な言動とは

セクハラの定義にある「**性的な言動**」とは、以下のようなものが該当します。

> ### 性的な言動
>
> - 性的な事実関係を尋ねること、性的な内容の情報（噂）を流布すること
> - 性的な冗談やからかい、食事やデートへの執拗な誘い
> - 個人的な性的体験談を話すこと、性的な関係を強要すること
> - 必要なく身体へ接触すること、わいせつ図画を配布・掲示すること

　前述の厚生労働省の「職場のハラスメントに関する実態調査」の「受けたセクハラの内容」に対する回答によれば、1位は「性的な冗談やからかい」で49.8％となっており、セクハラを受けた実際の被害としては、性的な冗談やからかいが圧倒的に多いことがわかります。

　ちなみに、2位は「不必要な体への接触」22.7％、3位は「性的な事実関係に関する質問」20.0％、4位は「食事やデートへの執拗な誘い」17.6％となっています。

　なお、2017年に、厚生労働省のセクシュアルハラスメントの指針（事業主が職場における性的な言動に起因する問題に関して雇用管理上講ずべき措置等についての指針）が改定され、セクシュアルハラスメントには、ＬＧＢＴ（レズビアン、ゲイ、バイセクシュアル、トランスジェンダー）などの性的少数者に対する差別的言動等、性的指向・性自認に関してのからかいも含まれることが明記されましたので注意が必要です。

パワーハラスメントの知識

パワーハラスメントとは

　「パワーハラスメント」（パワハラ）とは、同じ職場で働く者に対して、職務上の地位や人間関係などの職場内での優位性を背景に、業務の適正な範囲を超えて、精神的・身体的苦痛を与える、または職場環境を悪化させる行為をいいます。

　2020年6月より、労働施策総合推進法という法律によって、パワハラ防止が企業に義務づけられました。

　パワハラについても「職場」の定義は、セクハラと同様、オフィス内だけでなく業務の延長上にあるものとみなされる場所も含まれます。

　また、上記定義にある「**職場内での優位性**」とは、いわゆる上司・部下のような「職務上の地位」の優位性に限らず、人間関係や専門知識、経験などのさまざまな優位性が含まれます。

　そのため、上司から部下といったことだけでなく、部下から上司に行なわれる場合もパワハラに含まれます。

　パワーハラスメントの代表的な区分としては、以下の6分類があげられています。ただし、これに該当しないものでも、パワハラに該当する場合はあります。

```
┌───────── パワハラの6分類 ─────────┐
│ ①身体的な攻撃        ②精神的な攻撃    │
│ ③人間関係からの切り離し   ④過大な要求     │
│ ⑤過小な要求         ⑥個の侵害      │
└────────────────────────────┘
```

それぞれのタイプの内容の詳細については下表のとおりです。

#	パワハラのタイプ	詳　細	具体例
1	身体的な攻撃	暴行・傷害等、身体的な攻撃を行なうこと	企画書を上司に提出したところ、「ぜんぜんだめ！」と怒鳴られ、缶コーヒーを投げつけられて、ケガをした
2	精神的な攻撃	脅迫・名誉棄損・侮辱・ひどい暴言等、精神的な攻撃を行なうこと	職場の同僚の前で、上司から、「無能・低能」「馬鹿」などの言葉を毎日のように浴びせられる
3	人間関係からの切り離し	隔離・仲間外し・無視等、人間関係からの切り離しを行なうこと	職場の全員が通常参加する忘年会等のイベントにわざと呼ばれなかった
4	過大な要求	業務上、明らかに不要なことや遂行不可能なことの強制、仕事の妨害等を行なうこと	とても一晩では処理しきれない量の業務を命ぜられた
5	過小な要求	業務上の合理性がなく、能力や経験とかけ離れた程度の低い仕事を命じることや、仕事を与えないこと	営業職として採用されたが、仕事ができないからと「コピーだけをしていろ」と命ぜられた
6	個の侵害	私的なことに過度に立ち入ること	年次有給休暇を取得しようとしたところ、上司から「誰と、どこへ行くの？ 彼氏と？」などと執拗に問われ、なかなか有休の取得をさせようとしなかった

　また、厚生労働省の令和２年度「職場のハラスメントに関する実態調査」の「過去３年間にパワハラに該当すると判断した事案の具体的内容」に対する回答によれば、実際の被害については「精神的な攻撃」が74.5%（複数回答）と圧倒的に多くなっており、以下、「人間関係からの切り離し」20.6%、「過大な要求」16.9%、「個の侵害」15.5%、「身体的な攻撃」13.3%、「過小な要求」6.3%となっています。

7-4 マタニティハラスメント、パタニティハラスメントの知識

 ## マタハラ、パタハラとは

「マタニティハラスメント」（マタハラ）および「パタニティハラスメント」（パタハラ）とは、妊娠・出産・育児をきっかけにして、職場で精神的・肉体的な嫌がらせを受けたり、妊娠・出産・育児などを理由とした解雇や雇止め、自主退職の強要で不利益を被ったりする等の、職場で受ける精神的・肉体的なハラスメントのことをいいます。

具体的には、以下のような言動がマタハラやパタハラに該当します。

マタハラ、パタハラの例

- 「こんな業務繁忙期に妊娠したの？」と嫌味を言われる
- 妊娠しても体調に配慮してくれず、重いものを持たされる
- 「妊娠すると仕事が楽になって羨ましい」「男のくせに育児休業を取るなんてあり得ない」というような発言を受ける
- 「妊娠したら仕事が大変だろうから退職してもいいんだよ」と自主退職を促される

 ## マタハラ、パタハラの実際の被害内容

厚生労働省の令和2年度「職場のハラスメントに関する実態調査」の「過去3年間に妊娠・出産・育児休業等ハラスメントに該当すると判断した事案の具体的な内容」に対する回答によれば（複数回答）、主な具体的な内容に関する回答は以下のようになっており、実際の被害については「制度の利用を阻害する言動を行なう」が半数近く

の割合でかなり多くなっています。

- ●上司が制度等の利用の請求や
  制度等の利用を阻害する言動を行なう……………………… 42.9％
- ●繰り返し、または継続的に嫌がらせを行なう
  （嫌がらせ的な言動、業務に従事させない、
  もっぱら雑務に従事させる）…………………………… 25.3％
- ●同僚が繰り返し、または継続的に制度等の利用の請求や
  制度等の利用を阻害する言動を行なう……………………… 20.1％
- ●上司が解雇その他、不利益な取扱いを示唆する……… 13.6％
- ●不利益な配置変更……………………………………………5.8％
- ●労働者が希望する期間を超えて、その意に反して
  所定労働時間の制限、時間外労働の制限等を適用………4.5％
- ●昇進、昇格の人事考課における不利益な評価…………4.5％
- ●減給または賞与等に対する不利益な算定………………3.9％
- ●自宅待機命令………………………………………………2.6％
- ●退職や正社員を非正規社員とするような
  労働契約内容の変更の強要……………………………1.3％
- ●解雇………………………………………………………0.6％
- ●降格………………………………………………………0.6％

7-5 ケアハラスメントの知識

 ケアハラスメントとは

「**ケアハラスメント**」（ケアハラ）とは、別名「介護ハラスメント」といい、家族の介護をしている介護者に対して、仕事と介護を両立しようとする状況への嫌がらせをいいます。

ケアハラスメントについても、マタハラと同様に、育児・介護休業法で禁止されています。

具体的には、以下のような言動がケアハラに該当します。

ケアハラの例

- 「介護を理由に楽ができていいね」というような発言をされる
- 「介護が大変だろうから退職してもいいんだよ」と自主退職を促される

 ケアハラの実際の被害内容

厚生労働省の令和2年度「職場のハラスメントに関する実態調査」の「過去3年間に介護休業等ハラスメントに該当すると判断した事案の具体的な内容」に対する回答によれば（複数回答）、主な具体的な内容に関する回答は以下のようになっており、実際の被害については、マタハラとパタハラ同様に、「制度の利用を阻害する言動を行なう」が多くなっています。

- 上司が制度等の利用の請求や
  制度等の利用を阻害する言動を行なう……………… 45.0％

- 同僚が繰り返し、または継続的に制度等の利用の請求や
  制度等の利用を阻害する言動を行なう………………… 30.0%
- 繰り返し、または継続的に嫌がらせを行なう
  （嫌がらせ的な言動、業務に従事させない、
  もっぱら雑務に従事させる）………………………… 25.0%
- 上司が解雇その他、不利益な取扱いを示唆する……… 13.6%
- 自宅待機命令……………………………………………… 10.0%
- 雇止め………………………………………………………5.0%
- 退職や正社員を非正規社員とするような
  労働契約内容の変更の強要 ………………………………5.0%
- 減給または賞与等に対する不利益な算定………………5.0%
- 不利益な配置変更…………………………………………5.0%

マタハラ、パタハラ、ケアハラが生じる背景

　前項で取り上げたマタハラやパタハラ、そしてケアハラが発生する要因の大きなものとしては、「妊娠・出産・育児・介護」に関する制度への無知があげられます。

　妊娠・出産・育児・介護は、いずれも法律で守られている従業員の当然の権利です。

　75ページに従業員が利用できる産休・育休制度などの図を載せましたが、企業側はこれらの制度があることを改めて理解し、従業員としてもこれらの制度の利用は法的に認められていることを知っておくとよいでしょう。

7-6 カスタマーハラスメントの知識

 ## カスタマーハラスメントとは

　2020年1月に、「事業主が職場における優越的な関係を背景とした言動に起因する問題に関して雇用管理上講ずべき措置等についての指針」が策定されました。

　これは、顧客等からの暴行、脅迫、ひどい暴言、不当な要求等の著しい迷惑行為（**カスタマーハラスメント：カスハラ**）に関して、事業主が相談に応じ、適切に対応するための体制の整備や被害者への配慮の取組みを行なうことが望ましい旨や、被害を防止するための取組みを行なうことが有効であることが定められたものです。

　厚生労働省が実施した令和2年度「職場のハラスメントに関する実態調査」によれば、過去3年間に顧客等からの著しい迷惑行為の相談があった企業の割合は19.5%、また、過去3年間に勤務先で顧客等からの著しい迷惑行為を一度以上経験したと回答した割合は15%にも及んでいます。

　厚生労働省からは、右のようなリーフレットも発行されており、現時点においては企業のカスタマーハラスメント対策は義務ではありませんが、今後は、セクハラ、パワハラ等と同様に、企業において防止義務が課される可能性もあるのではないかと考えています。

労災認定基準にも追加される!?

　厚生労働省の検討会では、「仕事による強いストレス」等が原因で精神障害になった場合の労災の認定について、この「カスタマーハラスメント」を新たに基準に加えることとする報告書が、本書執筆時点で公表されています。

　仕事による強いストレスなどが原因で精神障害となって、労災に認定された件数は、令和４年（2022年）度には710件と過去最多を更新していて、ストレスとなる原因には、顧客や取引先からのカスハラもあると指摘されています。

　カスハラ防止策については、現時点では義務ではないとはいえ、企業には従業員の安全や健康に配慮する義務があり、万が一こうしたことが原因で自殺等となれば、企業に責任が生じ得る可能性があります。

　企業としては、「お客様が神様」という価値観をアップデートし、従業員への安全に配慮していく必要があるといえます。

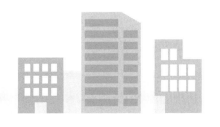

7-7 ハラスメントの加害者に ならないためにはどうする？

 留意ポイントを理解しておこう

　筆者もハラスメント研修を行なうことが多くありますが、ハラスメントについての法規制は厳しくなっており、かつ社会意識の高まりを受けて「パワハラと言われそうで、指導がしにくい」「ふとした雑談で、思わぬ形でセクハラと言われたら困るので雑談もしにくい」といった声も多く聞かれます。

　しかし、組織で仕事をしている以上、特に管理職であれば、部下・メンバーへの業務上の指導は避けられません。また、職場内での適度な雑談は組織のコミュニケーションを円滑にするでしょう。

　そのため、ここではハラスメントの加害者にならないように、留意すべきポイントをあげておきます。

■セクハラの留意ポイント

#	実務ポイント	解　説
1	身体接触は、1回きりでも就業環境を害すると認定されるケースが多いので、不用意な身体接触にはくれぐれも留意する。	肩・腕といった場合でも「意に反するとし、強い精神的苦痛」と本人が感じる場合には、1回でも就業環境を害することになり得ると考えられている。
2	直接的ではないにしろ、「性的なことを連想し得ること」についての発言は慎む。発言前に一呼吸おいて、性的なことに結びつかないかを意識すべき。	たとえば、「不妊治療」は性的ではないにしろ、治療の内容に性的にセンシティブなことを含むため、注意が必要。
3	「男だから」「女だから」のように、「男・女」が入る発言は避けるべき。	性別の役割分担意識にもとづく発言に結びつきやすい。
4	呼び名は「○○さん」が望ましい。	「○○ちゃん」「○○くん」呼びは、同僚としての呼び名には不適切で、ジェンダー差別と判断されかねず、特に関係性ができていないうちはリスクがある。
5	服装を注意するときは、「業務上ふさわしくない」ことを伝えたうえで「個人的な感想」を交えず、冗談めかさない。	業務上不適切であることを伝えれば十分。「攻めてるねー」「俺的にはすごい、いいと思うんだけど」のようなことは逆効果。
6	LINE、Slack等のSNSによるメッセージでも、カジュアルになりすぎないこと。	最近、セクハラの裁判でLINEが証拠としてあがることが多い。こうしたSNSの特性上、カジュアルになりすぎる可能性大。
7	プライベートの話は（常識的な範囲で）してもいいが、しつこく聞かない。	過度に立ち入ると、個人的に性的な興味があるのでは、と受け取られる可能性も。
8	個人的な食事やおでかけの誘いは要注意。一度断わられたら、しつこくしない。明確な拒否がなくても、乗り気でない場合には誘いはやめる。	不快に感じるかは受け手次第。継続性がなければ悪質であるとみなされないことが多い。
9	たとえ褒め言葉でも、拒否反応や話がはずまないと思ったらすぐに切り上げるべき。	不快に感じるかは受け手次第。継続性がなければ悪質であるとみなされないことが多い。

■パワハラの留意ポイント

#	実務ポイント	解　説
1	たとえ軽いもの（紙を丸めたものなど）でも頭をたたく（コツンとでも）のは避けるべき。	身体的攻撃にはほぼ例外はないと考えてよい。（＝暴力は業務指導に不要）
2	叱るときには、なるべく個室に移って大勢の人の目に触れないところがベター（LINE、Slack等のSNSでも同様))	見せしめ的に大勢の前で不必要に叱責するのは「精神的攻撃」とみなされる可能性が高くなる。（ただし、厳しい指導をせざるを得ない場合には、誰か立ち合いのもと、議事録をとってもらう）
3	不用意に大声を出さない。また、丁寧な言葉づかいを心がける。	大声を出すことや、罵るような言葉は「精神的攻撃」とみなされる可能性が高くなる。
4	叱るときは簡潔にかつ１回で済ませる。長くても10分くらいで済ませるべき。	長時間の叱責や繰り返す叱責は「精神的攻撃」とみなされる可能性が高くなる。２時間などに及ぶのは違法リスクが高まる。
5	忘年会等、職場全体のイベントの参加率が低い人であっても「あいつは絶対来ないから誘わなくていいよ」という対応は避ける。	最初から誘わない等は、人間関係からの切り離しとしてみなされる可能性が高くなる。
6	部下の成長を促したい場合で、目標の高いノルマを課す等の場合には、しっかりとその目的を伝え、フォローもする。	方針のない課題ノルマ等は過大な要求とみなされる可能性が高くなる。
7	まったくこれまでの業務に無関係の仕事を与えるのは避けるべき。	営業職の社員に、庶務、コピー等をさせるなどは過小な要求とみなされる可能性が高くなる。
8	プライベートの話は（常識的な範囲で）してもいいが、しつこく聞かない。	過度に立ち入ると「個の侵害」とみなされる可能性が高くなる。常識的かつ適度な距離感で、さっぱりと。

■マタハラ、パタハラ、ケアハラの留意ポイント

1	明確に悪意のある意地の悪い言動は避ける
2	業務リソースについては会社に相談する
3	自分の経験のみで語らない
4	アンコンシャスバイアス（無意識の偏見）が自分にあるのだということを自覚して行動する
5	（もし発言してしまった場合でも）繰り返し言わない

同僚間の場合には、繰り返しまたは継続的なものでなければ、即悪質なマタハラとはならない可能性が高い（上司から部下の場合には１回でも該当）。

ハラスメントの被害者に
なったらどうする？

 相談窓口を活用するのが解決への近道

　もし、自身がハラスメントを受けたと感じた場合には、どういう対応をとればいいのでしょうか。

　企業には、男女雇用機会均等法、育児・介護休業法、労働施策総合推進法という法律で、セクハラ、マタハラ・パタハラ、ケアハラ、パワハラについては、相談窓口の設置が義務づけられています。

　これは、企業規模には関わりのない義務なので、どの企業も対応する義務があります。

　そのため、ハラスメントの被害を受けたと感じたときは、相談窓口に相談することが、解決には近道なことが多いでしょう。

　なお、上記の各種法律で、こうしたハラスメントの相談をしたことをもって不利益な取扱いをしてはいけない、ということも併せて企業の義務となっています。そのため、相談したからといって、なんらかの不利益を受けることはありません。

　特に、ハラスメントへの意識が高い企業の場合には、外部相談窓口を設置しているケースもありますので、社内には相談しにくい…といった場合には、そうした外部の相談窓口を活用することも一案です。

　なお、ハラスメントに関する相談を行なう場合の流れは、一般的には次ページ図のようになっています。

　企業には、適切に相談に対応する義務がありますので、まずは自社の相談窓口を確認し（就業規則に記載されていたり、社内ポータルサイト等に掲載されていることが多いですが、不明な場合は人事部に問い合わせましょう）、実際の相談を行なうことから始めるとよいでしょう。

◎ハラスメントに関する相談の流れ◎

STEP1 相談対応	STEP2 事実関係の確認	STEP3 対応措置の検討	STEP4 適切な措置の実施後、行為者・相談者へのフォロー	STEP5 再発防止策の実施
●相談にあたっては、プライバシーを厳守する。 ●相談したことで、不利益な取扱い等を行なわない。	●行為者や第三者に事実確認を行なう場合は、必ず相談者の了解を得てから行なう。 ●第三者として事実関係の確認に協力したことで、不利益等を与えない。	●被害状況 ●事実確認の結果 ●就業規則の規定内容 ●裁判例 などを踏まえて対応措置を検討し、実施する。	●会社の取組みを説明する。 ●行為者が同様の問題を起こさないようにフォローする。	●取組みの定期的な検証、見直し ●研修の実施 ●メッセージ配信等 などの再発防止策を実施する。

　企業には、相談者や行為者等のプライバシーを保護する義務もありますので、心配であればこうしたことを守ってもらうことも確認して相談を進めるとよいでしょう。

　ハラスメントを受けた、と感じた際にこうした窓口はハードルが高いと感じ、まずは親しい同僚や先輩に相談したい、ということもあるかもしれません。しかし、加害者とされる人にもプライバシーはありますし、ハラスメントか否かについては、あくまでも客観的な事実のヒアリング等を経て認定されることになります。

　また、相談窓口以外に相談する場合は、思わぬ形で事実が歪曲されて周囲に広まる、ということも起こりやすいため、筆者の経験上は、最初から相談窓口へ相談を行なうほうが、スムーズに運ぶ印象があります。

アンコンシャスバイアス

　ハラスメントが起きてしまう要因として、「アンコンシャスバイアス」（unconscious bias ＝無意識の偏見）というものがあるそうです。

　アンコンシャスバイアスとは、自分自身が気づいていないものの見方や捉え方のゆがみ・偏りのことで、以下にあげたのはその一例（連合のホームページ掲載の「アンコンシャスバイアス診断」より抜粋）ですが、考える前に瞬時かつ無意識的に起こってしまうものです。

　無意識だからこそ、まず自分にも無意識の偏見があるのだということを自覚して、行動することが重要です。

①障がいのある人は、簡単な仕事しかできない、あるいは働くのが難しいだろうと思う。

②外国人労働者は、日本の企業文化に合うのか、つい心配になる。

③体力的にハードな仕事を女性に頼むのは、かわいそうだと思う。

④病気治療しながら働いている人をみると、仕事をやめて治療に専念したほうがよいと思う。

⑤ＬＧＢＴであると聞くと、とまどいを感じてしまう。

⑥育児中の社員・職員に負荷の高い業務は無理と思ってしまう。

⑦お茶出し、受付対応、事務職、保育士というと、女性を思い浮かべる。

⑧介護しながら働くのは、難しいと思う。

　自分の知っている世界だけがすべてではなく、一方的に「決めつけ」や「押しつけ」をしていないかは、企業もそこで働く人も日々、意識する必要があります。

第 **8** 章

服務規律・懲戒のルールを
理解しておこう

服務規律は従業
員が守るべき行
動規範です。

懲戒処分にはい
くつかの段階が
ありますね。

服務規律・懲戒は会社のルール

　企業には、その秩序を維持するために、従業員側が守ってほしいルールや万が一守られなかった場合の罰則があります。これをそれぞれ「服務規律」「懲戒」といいます。

服務規律とは

　「**服務規律**」とは、業務遂行にあたり従業員が守らなければならない義務やルールのことをいいます。

　「従業員に組織の一員としてこうあってほしいという姿」や、逆に「こういう行動はやめてほしい」という事項を記した企業からのメッセージであり、これが従業員の行動規範となります。

懲戒とは

　一方で、これらの服務規律に違反するような行動を行なった場合には、企業側が従業員に科す制裁処分があります。これを「**懲戒**」といいます。

　企業にとっては、この服務規律と懲戒に関する規定は、企業秩序を維持するうえで、非常に重要な役割を果たします。

　そして、これらのことは一般に「就業規則」のなかに記載されています。

就業規則とは

　労働者が10名以上いる場合には、「**就業規則**」を策定・届出することが、労働基準法で義務づけられています。したがって、もしまだ策定していないという場合には、早急に策定する必要があります。

　なお、この10名には、パートタイマー・アルバイトや契約社員な

どの正社員以外の雇用形態の人も含まれます。

　また、就業規則の作成義務に違反した場合や、届出義務に違反した場合は、30万円以下の罰金が科されてしまいます。

　就業規則には、「**絶対的必要記載事項**」というものが労働基準法で決められており、これは必ず盛り込まなければならない事項です。

　一方で、「**相対的必要記載事項**」というものもあり、これは企業が任意で定めをする場合には、就業規則に記載しなければならない事項です。

#	絶対的必要記載事項の項目	#	相対的必要記載事項の項目
1	始業および終業の時刻、休憩時間、休日、休暇、ならびに交替制の場合には就業時転換に関する事項	1	退職手当に関する事項
		2	臨時の賃金（賞与）、最低賃金額に関する事項
		3	食費、作業用品などの負担に関する事項
2	賃金の決定、計算および支払いの方法、賃金の締切りおよび支払いの時期、ならびに昇給に関する事項	4	安全衛生に関する事項
		5	職業訓練に関する事項
		6	災害補償、業務外の傷病扶助に関する事項
3	退職に関する事項（解雇の事由を含む）	7	表彰、制裁に関する事項
		8	その他、全労働者に適用される事項

　服務規律・懲戒については、上記「相対的必要記載事項」の「表彰、制裁に関する事項」に関連しますが、懲戒事由は通常、企業秩序維持のために設けることが一般的なので、実務上は就業規則に必ず盛り込む事項となります。

8-2 服務規律の種類

 多くの企業で規定している事項とは

　就業規則に規定している「服務規律」には、どのようなことが記載されているのでしょうか。

　たとえば、以下にあげるような服務規律は、多くの企業で就業規則に記載があります。

①誠実労働義務に関する事項

　労働者は、企業の指示に従って誠実に労務を提供する、という「誠実労働義務」を負っています。

　そこで就業規則には、たとえば、「報告・連絡・相談の徹底」や、「誠実な勤務態度」「職務に専念し、勤務時間中でも無断で職場を離れないこと」「酒気をおびて就業しない」などの事項が定められています。

②企業秩序維持義務に関する事項

　労働者は「企業秩序維持義務」を負っています。

　そこで就業規則には、「企業施設内では清潔・整理・整頓を心がけること」や、「暴行脅迫や他人の業務を妨害しないこと」「各種ハラスメントなど周囲に不快感を与えるような言動をしないこと」といった職場の秩序に関する事項が定められています。

③信用体面の維持に関する事項

　労働者は、たとえ私生活上の行為であっても、企業の信用や名誉、社会的地位に悪影響を及ぼす恐れのある言動を行なってはならない「信用体面の維持義務」があるとされています。

そこで就業規則には、「従業員としての品位を保ち」、「刑法に触れ、社会的に非難されるような不道徳な言動を行なわないこと」「企業の経営者、従業員やその家族、顧客等のプライバシーに関わる情報を口外しないこと」などが定められています。

④秘密保持義務に関する事項

　労働者は、使用者の秘密を保持すべき義務を負っています。

　企業の営業秘密などが第三者に漏洩されれば、企業は円滑な事業運営ができなくなる可能性があります。

　このような秘密の保持は、労働契約の期間中だけではなく、退職後も遵守されなければ、業務に支障が出ることとなるため、企業内外を問わず、また、在職中のみならず、退職後においても広く企業の業績に影響を与える社内機密情報の漏洩を禁止する規定が、就業規則には設けられています。

⑤競業避止義務に関する事項

　労働者が、在職中に同業他社でも働くことによって、企業秘密が漏洩したり、顧客を奪って使用者に損害を与える恐れがあるため、労働契約に伴って、労働者は「競業避止義務」を負っているとされています。

　退職後については、職業選択の自由が憲法で保障されているため、当然に競業避止義務を負うわけではありませんが、退職後も一定の範囲で競業避止義務を課すといった場合は、就業規則等で禁止する範囲を規定することが必要です。

アップデートされる服務規律

　服務規律は、時代とともにアップデートされていくものです。た
とえば最近では、以下にあげるような事項を就業規則に規定する例
が増えています。

 ## 副業・兼業のルール

　昨今、副業・兼業を認める企業が増えてきており、就業規則の服
務規律に副業・兼業についてのルールを記載する企業も多くなって
います。

　たしかに裁判例でも、労働者が労働時間以外の時間をどのように
利用するかは、基本的には労働者の自由であることが示されている
ものの、以下の①から④に該当するケースでは、副業・兼業を制限
することが許されています。

①労務提供上の支障がある場合

②業務上の秘密が漏洩する場合

③競業により自社の利益が害される場合

④自社の名誉や信用を損なう行為や信頼関係を破壊する行為がある
　場合

　副業・兼業をルール化するにあたっては、原則として許可制とし、
過重労働が予見される等、労務提供上の支障が生じる場合や、職務
専念義務に違反すると認められる場合には、許可を撤回するといっ
た規定を入れておくと安心でしょう。

 ## リモートワークのルール

【リモートワーク時の情報セキュリティ】

　リモートワークを行なう際は、ネットワーク環境、セキュリティ

環境の整備を行なうものとしなければならず、公共 Wi-Fi 等セキュリティ保護がされていないネットワークの利用は行なってはならないとの規定を、就業規則に入れておくことも必要です。

【オンライン会議ツールの利用ルール】（画面オンの義務づけ）

オンライン会議が一般的となったいま、オンライン会議上で特段の事情がない場合には、画面をオンすることをルール化している企業もあります。

どのような場合でも、画面をオフにすることはできないといった極端なルールは無効となる可能性が高いですが、スムーズな業務遂行に寄与するという意味で、特段の事情がない場合には、画面をオンするようにというルールを就業規則に入れておきたいという企業は昨今増えています。

SNSの利用ルール

Facebook、X（旧 Twitter）、TikTok 等のSNSは、いまや多くの人が活用している時代です。これに伴い、従業員等がSNSに不適切な投稿を行なって炎上する件数も増えています。

企業内の業務上でSNSを運用する場合はもちろんのこと、従業員がプライベートでSNSを利用する場合にも、こうしたトラブルに巻き込まれないように、就業規則で以下のようなルールを定めている企業も多くなっています。

- 業務上はもちろん、私的な発信の場合であっても、人権、肖像権、著作権等を侵害する情報発信や機密漏洩をしてはならない。
- 誹謗中傷や公序良俗に反する一切の情報を発信・開示してはならない。
- 不適切な情報を発信し、企業から削除を求められた場合は、社員はただちに当該情報を削除しなければならない。

懲戒の種類

 段階的に処分が重くなる種類がある

「**懲戒**」の種類としては、どのようなものがあるのでしょうか。

一般的な懲戒処分としては、①戒告、②譴責、③減給、④出勤停止、⑤降格、⑥諭旨退職、⑦懲戒解雇等が、就業規則に記載されていることが多くなっています。

懲戒としては、①から⑦にいくほど、処分が重くなっています。それぞれの内容についてみていきましょう。

①戒告

戒告とは、口頭で注意を行なって戒める処分です。

②譴責（けんせき）

譴責とは、対象となる従業員に対し、始末書を提出させて戒めるもので、戒告より程度の重い企業秩序遵守違反を行なった従業員に対して使われます。

その目的は、「企業秩序違反行為を再び行なわない」と、従業員の言葉で誓約させることです。

③減給

減給とは、企業秩序違反行為を行なった従業員に対して、賃金の一部を差し引いて支給する処分です。

給与から差し引く金額は無制限ではなく、労働基準法91条に「1回の額が平均賃金の1日分の半額を超え、総額が1賃金支払期における賃金の総額の10分の1を超えてはならない」と定められています。この規定された範囲を超えて賃金を差し引くことはできません。

④出勤停止

出勤停止とは、従業員が起こした問題行動に対する制裁として、当該従業員に一定期間、出勤を禁じ、当該出勤を禁じた期間の給与を無給とする処分のことです。

⑤降格

降格とは、懲戒事案に該当する問題行動を起こした従業員に対して、当該従業員の役職や資格を、現在より下位に引き下げる処分です。原則として、出勤停止よりも降格のほうが当該従業員に与える経済的なマイナスが大きくなるようになっています。

出勤停止の場合には、懲戒処分の対象となる制裁期間が終了すれば元の賃金に戻りますが、降格処分の場合には、従業員が元の役職に復職するまでの期間、給与はずっと下がったままとなります。

⑥諭旨退職

諭旨退職とは、⑦の懲戒解雇処分も妥当といえるなかで、従業員に退職を勧告し、退職届を提出させて「退職扱い」とする懲戒処分をいいます。

なお、退職届を会社から指定された一定期日以内に提出しない場合には、懲戒解雇に進むことになります。本人が反省している場合等、懲戒解雇を避けるための恩情措置といった側面もあります。

⑦懲戒解雇

懲戒解雇とは、不正行為や就業規則違反等により、企業の秩序を著しく乱した従業員に対して、雇用契約を一方的に解約する処分をいいます。懲戒処分のなかでも、もっとも重い制裁です。

8-5

懲戒の事由

 ### 懲戒処分に該当する事由とは

　一般的に、懲戒処分に該当する事由には、以下のことがあげられています。

```
懲戒事由の例
①経歴詐称
②職務懈怠（職務怠慢）
③業務命令違反
④職場規律違反（服務規律違反）
⑤法令違反
⑥職場外での非違行為（私生活上の非行）
```

　①の「経歴詐称」については、採用選考の際に学歴や職歴を偽って入社することをいいます。また、履歴書に賞罰の欄があった場合には、懲戒解雇の事実を記載する必要があると考えられています。そのため、こうした事実を隠して入社した者については、経歴詐称となり、懲戒の対象となります。

　②の「職務懈怠（けたい）」とは、従業員が与えられた職務について怠慢であることを指します。 たとえば、無断や正当な理由がない欠勤、遅刻、早退等が該当します。

　③の「業務命令違反」とは、簡単にいえば文字どおり企業の業務命令に従わないことをいいます。上司からの日常の業務指示を守ら

ないことが代表的な業務命令違反ですが、人事異動命令に従わないこともこれに含まれます。

④の「職場規律違反」は、たとえば、企業の備品を大切に扱わずに破損するといったことや、企業のＰＣや電子端末を使用して就業時間中に無関係なWeb閲覧を行なったり、企業の情報管理ルールに違反すること、そして、許可なく、企業内で演説、集会、ビラ配布などの政治活動をしたり、ネットワークビジネスに勧誘したりと、企業秩序を乱すようなものをいいます。

⑤の「法令違反」は、たとえば、会社の金銭を不当に詐取する業務上横領、職場内での暴力・賭博行為、職務上の地位を利用して不当な金品を受領するといった行為など、刑法に違反する行為をいいます。こうした犯罪行為は、当然に懲戒事由に該当します。

⑥の「職場外での非違行為」とは、たとえば、プライベートで飲酒運転を行なうといったことや、個人で違法ドラッグ・大麻等を使っていた場合、性犯罪など私生活上での問題などをいいます。
　ただし、ここで上げた行為はあくまでも私生活上の問題です。そのため、この私生活上の問題によって企業業務に支障をきたしたり、企業の信用体面にかかわった場合に、懲戒処分が可能になると考えられています。

大企業等の名の知れた企業の従業員や自治体の職員等の場合には、メディアで報道されることも多く、企業の信用問題にかかわります。
　ただし、報道等が行なわれず、企業への影響もない場合には、私生活上の問題については、懲戒処分とすることは難しいと考えられています。

8-6 懲戒の要件

懲戒処分が無効となることもある

　「懲戒」については、どんなものであっても認められるわけではありません。労働契約法という法律に、「客観的に合理的な理由を欠き、社会通念上相当であると認められない場合は、その権利を濫用したものとして、当該懲戒は、無効とする」という定めがあるからです。

　さまざまな判例をもとに、懲戒処分が有効となるにあたって必要と考えられている原則があり、それは以下のとおりです。

①適正手続きの原則

　「適正手続きの原則」とは、事実関係を入念に調査し、弁明の機会を与えるなど適正なプロセスを踏んで処分するべきという原則です。

　第三者の証言やイメージだけに影響されないよう、客観的な情報を収集して、懲戒の手続きを行なう必要があります。

②個人責任の原則

　「個人責任の原則」とは、個人が起こした問題行動に対して連帯で責任を負わせてはいけないという原則です。

　問題を起こした人物を特定し、個人単位で処分するのが正当だとされています。ただし、就業規則などで別途、規定がある場合には、部下の違反行為に対する管理職の責任問題を追及し、連帯して処分対象とみなされることもあります。

③相当性の原則

　「相当性の原則」とは、懲戒を行なうからには事由がそれ相応でなければならないという原則です。

事案の背景や経緯、情状酌量の余地などを調べた結果、処分が重すぎるようであれば、懲戒は無効となります。懲戒は、誰が見ても妥当なものでなければならないのです。また、問題が発覚してから長年、処分の対象とならなかった事由を突然に処分するといったケースも、処分が相当ではないと判断されるケースがあります。

④平等取扱いの原則

　「平等取扱いの原則」とは、以前に同様の事案が起こっていた場合は、そのときと同じ処分をしなくてはならないという原則です。

　同じ問題に対して別の処分を下すと、平等性を欠くことになるので、企業は懲戒の対象となる人によって対応を変えることなく、公平な処分を行なう必要があります。

⑤効力不遡及の原則

　「効力不遡及の原則」とは、問題が発生した後で処分規定を定めても、その問題に対して効力は及ばないという原則です。

　新規定が有効となるのは、規定を制定後に新たな問題が起こったときからとなります。

⑥二重処分禁止の原則

　「二重処分禁止の原則」とは、ひとつの事案に対して2回以上の処分を禁止するという原則です。

　すでに何らかの処分を行なっていた場合には、蒸し返してさらに処分を受けさせることは、基本的にはできません。

⑦刑罰法定主義の原則

　「刑罰法定主義の原則」とは、懲戒処分にするのであれば、事前に処分の対象となる行為や内容などを明確にしておかなくてはならないという原則です。

　労働基準法89条においても、解雇に関する事由を就業規則に明記して周知させておくことが定められています。たとえば、経営者が主観だけで就業規則に定められていない事案で懲戒処分を下すことはできません。

多様性の時代の服務規律

　服務規律も時代とともにアップデートされていくことは、本文でも述べましたが、2020年7月20日に、化粧をして業務を行なっていた性同一性障害（身体は男性、心は女性）の従業員（タクシー乗務員のAさん）に対して、化粧を理由に企業が就労を拒否した事案について、企業の就労拒否には正当な理由が認められないとして、従業員が働けなかった期間の賃金の支払いを命じる決定がでました（大阪地方裁判所／令和2年7月20日決定）。

　当該企業には、就業規則の服務規律に、「従業員の身だしなみは乗客にとって不快感や違和感を与えるものとしてはならない」という旨の規定がありましたが、判例では、「現在の社会において、乗客の多くが性同一性障害を抱える者に対して不寛容であるとは限らず、当該企業が、多様性を尊重しようとしてAさんが化粧をすることを認めたとしても、その結果として乗客から苦情が多く寄せられ、乗客が減少し、企業に経済的損失などの不利益を被るとも限らない」として、化粧をして乗務すること自体を禁止することには必要性も合理性も認められないと判断しています。

　身だしなみの規定等については、服務規律に織り込んでいる企業も多いですが、服務規律に記載があればなんでも従業員の行動を制限できるというわけではありません。

　その解釈については、やはり時代の変化に応じて変わっていくものであり、企業としても、そこで働く人にとっても、価値観をアップデートしていく必要があると、あらためて感じさせてくれた事例です。

第 **9** 章

退職・解雇のルールを
理解しておこう

いざというとき
のために知って
おきたいルール
ですね。

会社と従業員の
間でトラブルに
なることも多い
です。

退職は生涯に1回、というのは昔の話

　昭和の時代までは終身雇用制度のもと、生涯にわたって1つの会社で勤め上げる人が多く、1人が「**退職**」を経験する回数はそう多くなかったと思います。

　現在でも日本では、諸外国に比べれば長期雇用の慣習は残っているかもしれませんが、令和の現代ではますます雇用の流動化が進み、転職も珍しくはなくなっています。

　また、人生100年時代といわれ、高齢になっても働くことが当たり前になっている現在においては、1人が経験する退職の回数はますます増えていくのではないかと考えます。

退職と解雇の違い

　「**解雇**」とは、企業側等の使用者から一方的に雇用契約を終了させることをいいます。一方の「退職」については、解雇以外のものを指す、と考えてもらうとシンプルに理解できると思います。

　退職にも解雇にも、いろいろな種類がありますが、結果として会社を辞めるという事実には変わりありません。

　しかし、法的な性質はそれぞれまったく異なっています。

退職にもいろいろな種類がある

　いろいろある退職の種類のうち、主なものは、①自主退職、②合意退職、③自然退職の3つです。

①自主退職

　「自主退職」とは、労働者が自分の都合により退職することです。

「自己都合退職」と呼ぶこともあります。

　自主退職の代表的な例では、「転職する」「プライベートの事情で仕事を辞めなくてはならない」などが該当します。

②合意退職

　「合意退職」とは、会社と従業員の合意によって退職することです。

　たとえば、企業が従業員に退職勧奨を行ない、従業員がこれに応じた場合や、企業が希望退職者を募集して、従業員がこれに応募する場合などが該当します。

　企業からの退職勧奨による場合は、「勧奨退職」と呼ぶこともあります。

③自然退職

　「自然退職」とは、従業員や企業からの特段の意思表示がなくても、自動的に成立する退職をいいます。「当然退職」という場合もあります。

　自然退職の代表的な例としては、定年による退職や、休職期間満了に伴う退職、１か月等の行方不明の場合による退職、役員就任にあたり労働者身分を退職すること、などがあります。

　なお、自然退職の事由については、就業規則で明確に定めておく必要があります。

解雇の種類

解雇には、「普通解雇」「整理解雇」「懲戒解雇」の３種類があります。

 普通解雇とは

「**普通解雇**」とは、従業員の能力不足・勤務成績不良、病気・ケガ等による就労不能、業務上の命令に従わない、チームワークを乱す等の協調性の欠如等の事由があるときに行なわれる解雇です。

普通解雇が可能となる要件としては、正当な解雇理由があることが必要です。企業が普通解雇を検討する場合、一般的にはローパフォーマー従業員に対して行ないたいということが多いですが、この場合でも、単に「営業成績が部署で一番低い」といった理由だけではなく、企業がどれだけ改善を促したか等が求められます。

 整理解雇とは

経営不振や天災事変等で、事業継続が不可能となったり、事業の縮小等を行なう必要が生じた場合に、余剰人員の整理のために行なわれるのが「**整理解雇**」です。

各種判例において整理解雇を行なう際の４つの要件というものが示されており、整理解雇はこの要件を満たしていない場合には、無効となるリスクが高いものになります。

整理解雇の４要件

①人員整理の必要性

人員削減をしなければ経営を維持できないといった、企業経営上の「高度な必要性」が必要とされます。言い換えれば、簡単に人員整理ができるわけではなく、その必要性は慎重に判断

すべきということです。赤字が続いている等の客観的事実がない場合には、整理解雇は難しくなります。

②解雇回避努力義務の履行

雇用契約の一方的な解除である解雇というのは、一番最後の手段でなければならず、整理解雇を行なう前に、役員報酬を削減しているか、新規採用を抑制しているか、希望退職者を募集したか、配置転換、出向等を行なったか等の、解雇を避けるための努力を尽くすことが必要とされています。

③解雇者選定の合理性

整理解雇を行なうにあたり、解雇対象者の人選基準が合理的かということも確認されます。つまり、企業が恣意的に選んでいるわけではなく、人事考課や勤務成績によって選定しているなど、人選の基準が合理的かどうかが求められます。

④手続きの妥当性

整理解雇は、普通解雇や懲戒解雇と比べて労働者には責任がないことから、企業は従業員に誠実に企業の状況を説明・協議する義務があるとされています。全従業員に説明会を行なったり、個別に協議を行なうなど、誠実な対応が求められます。

懲戒解雇とは

不正行為や就業規則違反等により、企業の秩序を著しく乱した労働者に対して、制裁として行なわれるのが「**懲戒解雇**」です。

具体的には、以下のようなものが代表的な懲戒解雇の事由としてあげられます。

①横領、傷害等、刑法に触れるような行為があった場合

②雇入れ時に経歴詐称があった場合

③2週間以上、正当な理由なく無断欠勤が続き、出勤の督促にも応じない場合

④転勤の拒否等、重要な業務命令の拒否があった場合

雇止めのルール

雇止めとは

「**雇止め**」とは、有期契約の労働者に対し、企業が労働契約の更新を拒否することにより、契約期間満了となり、雇用が終了することをいいます。

実は、誤解が多いところなのですが、有期契約であるからといって、必ずしも契約期間の終了日において、企業が自由に契約を終了させることができるわけではありません。

労働契約法19条では、次の①、②のいずれかに該当する場合は、企業が契約を更新しないことついて、客観的に合理的な理由を欠いており、社会通念上相当でない場合には、更新拒否は認められず、契約が更新されたものとみなされるということが定められています。

労働契約法19条の定め

①有期労働契約が、過去に複数回更新されたことがある場合で、事実上、無期雇用契約とみなされるような実態である場合
②有期契約労働者が、「契約が更新される」と期待することに、合理的な理由があると認められる場合

①については、契約が何回も更新されているという、更新の回数によります。

また、②については、更新の回数が問題なのではなく、たとえ1回目の更新の場合であっても、企業が有期雇用労働者に、雇用継続がされることを期待させる言動があった場合には、該当することに

なります。

 ## 雇止めを実施する際の注意点

雇止めを実際に行なう場合には、たとえばよくあるケースとして、次のことには注意が必要です。

> ①契約更新の際に、契約書をつくり直すなどの手続きが行なわれておらず、契約更新の手続きが形骸化している
> ②「いずれ必ず正社員にするから」といった言動が周囲から行なわれている

上記にあげたケースなど、労働者が「次も更新されるだろう」と期待するのが、もっともだと考えられる場合には、有期雇用者であっても、期間満了で契約を解除することは難しくなります。

それに加え、雇止めを行なう際には、「有期労働契約の締結、更新及び雇止めに関する基準」というものがあり、以下にあげるケースのように、有期労働契約を更新しないこととする場合には、少なくとも契約期間満了の30日前までに、その予告をしなければならないとされています。

> ①有期労働契約が3回以上、更新されている場合
> ②1年以下の契約期間である労働契約が、更新または反復更新され、最初に労働契約を締結してから継続して通算で1年を超える場合
> ③1年を超える契約期間の労働契約を締結している場合

雇止めについては、以上の点を使用者側も労働者側もおさえておきたいところです。

解雇権の濫用

解雇は労働法では大変に難しい!?

　企業には、懲戒解雇や普通解雇、整理解雇などの「**解雇権**」があるわけですが、解雇は企業からの一方的な労働契約の解約です。そのため、正当な理由のない解雇は、「解雇権を濫用している」ものとして無効となります。

　労働契約法16条では、「解雇は、客観的に合理的な理由を欠き、社会通念上相当であると認められない場合は、その権利を濫用したものとして、無効とする」という規定があります。

　つまり解雇は、「客観的に合理的な理由があること」「社会通念上相当である」という2点が求められているわけです。

「客観的に合理的な理由があること」とは

　これは、非常に抽象的な表現ですが、「客観的に」というのは、第三者からも解雇の原因となる内容を確認することができるということです。

　客観の反対語は主観になりますが、経営者が主観的に「解雇が必要である」と判断するだけでは足りないわけです。

　つまり、だれが見ても、「解雇となってもしかたがない」と判断されるような「客観的な証拠」が必要となります。

　また、「合理的な理由」に該当する事項としては、たとえば、次にあげるようなことが考えられます。「少し能力が足りない」「ちょっと協調性がない」といったものではなく、「著しく能力が不足している」といったことが必要とされています。

●労働者の著しい能力不足

- ●労働者の著しい協調性不足
- ●労働者の著しい勤務不良
- ●労働者の著しい勤務態度不良や重大な企業秩序違反
- ●労働者の不法行為や反社会的行為

「社会通念上相当である」とは

こちらも非常に抽象的な表現ですが、上記にあげたような合理的な理由があったとしても、1回限りのミスで解雇になるということは、一般的には「やりすぎ」と判断されるでしょう。

つまり、事前の企業からの指導や教育があったのか、なども判断基準となります。

また、たとえば、能力不足の社員がいたとしても、通常達成できないような、とんでもないノルマを課されていて「能力不足である」とされるようなことも、社会通念上相当とはいえません。

解雇権濫用法理とは

このように、解雇に関しては法律の強い規制があり、これらは「**解雇権濫用法理**」と呼ばれています。

日本の雇用システムでは解雇は難しい、ということを聞いたことがある人もいるかもしれませんが、解雇権濫用法理がまさにその根拠といえます。

いずれにしても解雇は、漫画やドラマで見るように簡単にできるものではなく、必要なプロセスを経て、慎重な判断の結果、なされなければ、無効となってしまうものなのです。

9-5 解雇する際のルール

 解雇の予告・解雇予告手当とは

　企業は、労働者を解雇する際には、**少なくとも30日前には解雇することを通知しなければならない**とされています。

　これは、労働基準法20条で定められています。

　そして、30日前までに予告を行なわなかった場合に、支払わなければならないのが「**解雇予告手当**」です。

　解雇予告手当は、企業が労働者に解雇を通知するタイミングが解雇日から30日未満だった場合には、企業側から労働者へ支払うというのがルールです。

　解雇予告手当は、30日分以上の平均賃金を支払う必要があります。

〈平均賃金〉

　「平均賃金」とは、3か月間に当該従業員に支払われた賃金の総額を、その期間のトータルの暦日数で割った金額となります。

　つまり簡単にいえば、30日前までに解雇予告をしていなければ、おおむね1か月分の賃金額が解雇する際には必要になるということです。

　なお、一方で、「社員の責に帰すべき事由による解雇の場合」と「天災等やむを得ない事由で事業の継続が困難な場合」には、解雇予告や解雇予告手当の支払いなしに、即時解雇することが可能です。

　ただしこの場合は、労働基準監督署に「解雇予告除外認定の申請」を行なわなければなりません。

 **解雇制限の規定とは**

　労働基準法上、労働者が業務上負傷したり、病気になった場合には、その療養のために休業する期間およびその後30日間と、産前産後休業期間およびその後30日間は解雇できないとされています。いわゆる「**解雇制限**」といわれる労基法の規定です。

　ただし、使用者が労基法81条の規定によって、打切補償を支払った場合や、天災事変などやむを得ない事由により事業の継続ができなくなった場合には、この限りではありません。

 **解雇理由証明書とは**

　労働者は、労働基準法22条によって、退職後または解雇予告を受けている期間中に、解雇の理由を記載した証明書（**解雇理由証明書**）を使用者に請求することができます。

　使用者は、労働者からこの請求があった場合には、遅滞なく証明書を交付しなければなりません。

　解雇理由証明書の記載事項については、「解雇の事実」「解雇理由」となりますが、就業規則の一定の条項に該当することを理由に解雇する場合には、就業規則の条項の内容や当該条項に至った事実関係を記載する必要があります。

　なお、解雇した従業員から解雇理由証明書の発行を求められる場合は、不当解雇として争うなどの係争への準備として求められるケースも多く、企業側としては、解雇理由証明書の記載にあたっては、慎重に進める必要があります。

退職・解雇をめぐる よくあるトラブル①

従業員の視点からのQ＆A

Q 会社から、業績悪化という理由で、業務委託への切替えを打診されました。社員としては、いったん退職することになると思いますが、**業務委託への切替えに応じる必要はあるのですか？**

A 業務委託への切替えは、従業員の同意にもとづいて行なう必要があります。企業が無理やり業務委託に切り替えるためには、解雇を行なう必要があり、客観的・合理的な理由がない限り、無効となる可能性が高いです。

　昨今、フリーランス等の業務委託を活用する企業が増えており、筆者の事務所にも、社会保険料等がかからない業務委託契約に社員を切り替えたいとの相談が増えています。

　しかし、業務委託への切替えは雇用契約の解除になるため、一方的に企業が進めることはできず、必ず労働者との個別同意が必要です。個別同意が取れない場合には実務上、解雇をせざるを得ないため切替えは難しいです。会社としては、安易な業務委託への切替えは避けましょう。

Q 1か月後に転職が決まったため、退職しようと上司に相談をしたら、会社の就業規則には3か月前に届出が必要とあるので、3か月間は継続勤務するように指示されましたが、その勤務は必要なのでしょうか？

A 法律上は、退職の申入れをしてから2週間で退職は可能です。3か月は一般通念上長いと言わざるを得ず、企業が継続勤務を強制することは公序良俗の見地から無効となる可能性が高いです。

　民法によって、期間の定めのない雇用契約については、退職の申入れから2週間すれば特段、企業の承諾がなくても退職は可能です。

　とはいえ、多くの企業で就業規則上、1か月前には退職の申し出をするといったルールを課していることが多くなっています。3か月などと相当に長く勤務を強制することはできないと考えられますが、昨今、転職の際にリファレンスチェックやバックグラウンドチェックを選考に取り入れている企業が増えており、従業員としても、なるべく円満に退職するメリットは大きいと考えられます。

リファレンスチェック・バックグラウンドチェック

　「リファレンスチェック」とは、応募者の同意を得たうえで推薦者を紹介してもらい、応募者の実績や評価、強みや仕事への姿勢などが事実と合っているか、応募企業にマッチするかを確認する調査です。応募者は、リファレンスチェックを通じてアピールの裏付けを行なうことができます。また企業側も、応募者がどのような人物で、どのような活躍をしたのかを、生の声で確認し、選考材料にすることができます。手間がかかるため高額になりやすいバックグラウンドチェックに比べ、オンラインで完結できるため、多くの企業に利用されています。

　一方、「バックグラウンドチェック」とは、企業から依頼された調査企業を通じて行なわれる調査方法で、主に応募者の採用にリスクがないかを確認します。経歴を確認しないまま採用して、後から問題があった人物だと判明した場合は、ブランドイメージの毀損やコンプライアンスを問われるリスクを伴います。バックグラウンドチェックは、学歴や職歴など、応募者が提出した過去の経歴に虚偽がないか、破産や犯罪歴、反社会的勢力との関わりなどがないかを確認するために実施されます。センシティブな情報を扱うため、原則として事前に本人の承諾を得てから行なわれます。

退職・解雇をめぐる よくあるトラブル②

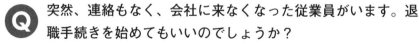

 企業の視点からのQ&A

Q 突然、連絡もなく、会社に来なくなった従業員がいます。退職手続きを始めてもいいのでしょうか？

A 就業規則の自然退職に関する事由を確認しましょう。就業規則に「1か月、行方不明状態であれば自然退職となる」といった旨が記載されていれば、自然退職として処理することは可能です。その旨の記載がない場合には、普通解雇としての手続きを行なう必要があります。

就業規則の自然退職事由に、行方不明社員についての記載があれば、自然退職として処理することは可能です。

しかし、会社が連絡を取ろうとする努力が求められ、①メール・電話連絡を複数回（2〜3回）程度行なう、②内容証明郵便の送付を行なう、③自宅への訪問を行なう、といったプロセスを経る必要があります。

就業規則に自然退職に関する記載がない場合には、普通解雇のプロセスを経る必要があります。ただし、解雇にはリスクが伴うため、できる限り就業規則に「自然退職事由」を盛り込んでおくことがよいでしょう。

Q 退職時に残っている年次有給休暇を使用したい、もしくはすべての年次有給休暇を買い取ってほしいという従業員がいます。これに応じる必要はあるのでしょうか？

A 年次有給休暇の買取りに応じる義務はありませんが、年次有給休暇を退職の際には使用させないとすることはできないた

め、従業員が退職日に残る有休をすべて使用したい場合には、退職日をずらしてもらう必要があるでしょう。

....

　法的には、つまり退職日までに年次有給休暇を使い切りたいということであれば、その取得は認めなければならないことになります。

　もし、業務引継ぎの時間が足りない等の場合には、年次有給休暇の取得は認めたうえで、退職日自体を遅らせてほしいという「お願い」をすることが考えられます。

　退職の際の有休取得トラブルを防ぐためには、間接的ではありますが、計画的に有休を取得させておくということや、業務引継ぎが当たり前という風土や、信頼関係の構築等が必要といえます。

◎年次有給休暇の買取りのNG、OKの例◎

×　**NG**

○　**OK**

通常の年次有給休暇

- ●**退職時の余る年次有給休暇**
  ⇒いくらで買い取るか等も自由に設定可能（例：「一律5,000円」「通常の賃金相当額」など）

- ●**2年の有効期限を過ぎた有給休暇**
  ⇒大企業を中心に「ストック有休」といった形で傷病時に充当できる設計にしている場合もある

法律上は、通常の年次有給休暇を買い取ることはできないが、退職時に余っている年次有給休暇等の買取りは認められている。とはいえ、企業には上述のとおり買い取る義務はないため、必要やむを得ない場合において、労使トラブルを回避するために有休買取りを実施するといった運用が考えられる。

変容する退職金制度

・・

　老後の生活を支える資金となる「退職金」制度。「老後2,000万円問題」が少し前に話題になったように、国の老齢厚生年金等では十分な給付が期待できないなか、退職金制度は従業員にとっては老後の保障としてありがたい制度です。

　しかしいま、この退職金制度を廃止する企業が年々増加しているのです。

　厚生労働省が5年ごとに行なっている、「就労条件総合調査」（従業員30人以上）によると、退職金制度がある企業は、1993年には92.0％、2003年には86.7％、そして2018年には80.5％と減ってきています。

　また、東京都産業労働局の調査である「中小企業の賃金・退職金事情」の令和4年調査でも、2022年時点で退職金制度がある企業は71.5％となっています。

　退職金制度を設けている企業のなかでも、昨今では「確定拠出年金」（企業型iDeCo）という企業年金制度が主流となっています。

　確定拠出年金は、企業が拠出した掛金を社員が自己責任で運用する年金制度になっています。

　仮に運用損失が発生しても、企業が不足分を穴埋めする必要はない制度となっており、いわば従業員本人の自己責任の制度といえます。

　確定拠出年金は、転職先にもそのまま持ち運べるポータビリティを兼ね備えており、雇用が流動化している現代では、使い勝手がよい制度として主流となっています。

第 **10** 章

多様化する働き方を
知っておこう

通勤しないテレ
ワークが本当に
増えましたね。

副業・兼業の解禁
など働き方は様変
わりしています。

10-1 テレワークと ハイブリッド勤務

🧑 テレワークの浸透

　2020年から続いている新型コロナウイルスの猛威は、われわれの働き方にも大きな影響を与えました。

　この新型コロナウイルスをきっかけに、在宅勤務等の「**テレワーク**」を実施する企業が増え、オフィスに出社しなくても働くことができるということが、広く認識されるようになりました。

　テレワークは、新型コロナウイルスが感染症法上の5類に引き下げられた2023年の執筆時点でも、引き続き企業の働き方として根づいている企業も多いと思います。

　テレワークにはもともと、通勤時間がなくなることによるメリットがあるほか、育児や介護従事者や高齢者などの働く機会が増えるという効果もある一方で、企業としては、テレワークに適した業務の切り出し、書類の電子化やコミュニケーションのIT化に対応しなければならない、といった課題もあります。

　テレワークは、「**リモートワーク**」とも呼ばれますが、筆者の事務所の顧問先の企業でも、もはや「フルリモート勤務」を基本としてオフィス出社自体を廃止した企業もあります。

　一方で、自社の風土やビジネススタイル上、基本はリモートワークをやめて、フル出社のスタイルに戻したという企業もあります。

　いずれにしても、コロナ禍前は出社するのが当たり前の企業がほとんどでしたが、いまやテレワークも当たり前の働き方になったことだけは確かです。

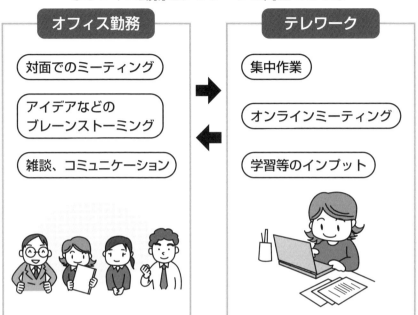

◎オフィス勤務とテレワークは両立できる◎

オフィス勤務
- 対面でのミーティング
- アイデアなどの ブレーンストーミング
- 雑談、コミュニケーション

テレワーク
- 集中作業
- オンラインミーティング
- 学習等のインプット

ハイブリッド勤務の広がり

2020年から３年間、テレワークが広く活用されていた企業では、「フルリモートorフル出社」といった二択の形ではなく、テレワークと出社を組み合わせた「ハイブリッド勤務」形態をとる企業が多いように思います。

週休２日制なら、週２日はテレワークとし、週３日は出社、といったような、テレワークと出社をミックスするスタイルは、出社する利点とテレワークの利点をバランスよく取り入れることができるため、今後もこのような働き方を採用する企業は多いのではないかと推測します。

10-2 地方移住×リモートワーク

 出社しないから地方移住も可能に

　テレワークの浸透により、「原則として出社を要しないフルリモート勤務」を認める企業のなかには、従業員の「地方移住」を認める企業も増えています。

　いわば「地方移住×リモートワーク」といった新しい働き方です。

　そもそも、日本国憲法22条には、「何人も、公共の福祉に反しない限り、居住、移転及び職業選択の自由を有する」という記載があります。

　一方で労働者は、雇用契約に付随して以下のような義務を負っています。

雇用契約で規定される労働者の義務

【競業避止義務】
　労働者には、在職中に使用者と競合する業務を行なわない義務を負っていると解されています。

【秘密保持義務】
　労働者は、使用者の業務上の秘密を守る義務を負っていると解されています。

【誠実義務】
　労働者には、使用者の名誉・信用を毀損しないといった誠実に行動する義務が課されていると解されています。

【職務専念義務】
　労働者には、労働時間中に使用者の指揮命令に従い、その職

務に専念する義務があると解されています。

逆にいえば、こうした義務に反しない限りは、労働者は居住、移転、職業選択の自由を保持していることになります。

テレワーク勤務や地方移住が企業選択の基準に？

上記のことを根拠として、そもそもテレワークの浸透以前から、どこに住むかという自由は従業員にはあったわけですが、現実的な問題として、通勤に時間がかかりすぎたり、企業から支給される通勤手当にも通常は上限があるといったことがありました。

そのため、テレワークの浸透以前は、オフィスから通勤可能な範囲圏に住む、ということが一般通念であったわけです。

それが、このテレワークの浸透によって、こうした住む場所の制約もなくなり、より私たちの生活スタイルも多様化したということがいえると思います。

これから働く人がどこの企業で働くかということを考える際には、こうした「テレワーク勤務や地方移住ができるか」といったことも、1つの選択軸になる時代が来ているともいえます。

企業も、これから一層、就労人口が減って、人手を奪い合う時代が到来するなかで、こうした新しい働き方の選択肢を提示することは、企業の魅力をアップする施策としても一考の余地があると思います。

雇用保険や社会保険などの取扱いはどうなる？

　昨今の人手不足もあり、従業員が配偶者の転勤により海外移住する場合でも、とても優秀な社員なのでどうにか継続雇用したいといったことや、海外在住の人をフルリモート勤務で新規雇用したいといった相談を受けることが多くなっています。

　では、そのような場合には、雇用保険や社会保険などの取扱いはどうなるのでしょうか。

 雇用保険の取扱い

　筆者の事務所では、これまでも都内のハローワークの各所に上記のことについて問い合わせを行なっていますが、「雇用保険に関する業務取扱要領」の「国外で就労する者」というところを根拠として、次のような理由から、雇用保険への加入は要しないと判断されています。

①在宅勤務者の家が支店登録等してあれば、「事業」としてみなされ、出向といった取扱要領該当部の「事業」に該当して、雇用保険の被保険者資格を継続するということでもよいが、そもそもそれが企業の支店でも支社でもなく、出向でもないとなると、雇用保険被保険者としてみなせないのではないか

②さらに、基本的に居住先が外国にある場合は、日本国内で失業状態として給付を受けられる余地はない

 社会保険の取扱い

　社会保険については、「日本の事業所から給与が支払われるのであれば、年金も健康保険も加入が必要」と判断されています。

　そのため、週30時間以上働く人は、日本人および日本に居住する人と同様に、健康保険や厚生年金保険への加入は必要と考えます。

労災保険の取扱い

　労災保険については、日本の企業に所属し、勤務しているということからも、加入ということでよいと考えます。

　ただし、海外居住者については、労災の対象となる事故が起こったとしても、労災認定されることは難しいと考えられます。

　なお、労災保険についての労働保険料のベースは、日本勤務者と同様に支払っている賃金を、当該年度の「労働保険の年度更新」時に、算入する基礎に入れておくということになります。

所得税・住民税の取扱い

　日本において１年以上、居所を有しない場合は、「非居住者」ということになりますが、会社が当該従業員に支払う賃金は、「日本の会社への労務提供」をベースに稼得した所得となるため、これは「国内源泉所得」として日本でも、20.42％の所得税課税（源泉徴収）が必要になります。

　一方、住民税については、毎年１月１日時点での居住地で判断しますので、海外在住者であれば、日本の住民税が発生する余地はありません。

　なお、労働法関連については、日本勤務者と同様の労働法上の義務を果たしていくことでＯＫです。

10-4 副業・兼業の解禁

 副業はもはや珍しくなくなった

　政府が、副業を推進する方向性を打ち出した2018年は、一般に「副業元年」と呼ばれましたが、それからはや５年以上経過して、いまや副業も珍しいものではなくなってきました。

　2020年からのコロナ禍を経て、テレワークによる通勤時間の短縮化などで、余剰時間が生まれて副業を始めたという人も多いようです。

 副業・兼業は就業規則で規定化

　2018年以前は、厚生労働省が出しているモデル就業規則でも、「副業は許可なく他の会社等の業務に従事しないこと」といった記載であったものが、次ページに例示したように「勤務時間外は他の会社等の業務に従事することができる」と変更されています。

　こうした変更を受けて、一定の要件を満たせば副業は認めるという企業は増えてきているように感じます。

　ちなみに、パーソル総合研究所の「副業の実態・意識に関する定量調査」の結果によれば、企業の従業員に対する副業容認状況は次のとおりです。

	2018年		2021年
全面容認	14.4%		23.7%
条件付き容認	36.8%		31.3%
全面禁止	48.8%		45.1%

■就業規則の規定例

（副業・兼業）

第○条　労働者は、勤務時間外において、他の会社等の業務に従事することができる。

2　会社は、労働者からの前項の業務に従事する旨の届出にもとづき、当該労働者が当該業務に従事することにより、次の各号のいずれかに該当する場合は、これを禁止または制限することができる。

①労務提供上の支障がある場合

②企業秘密が漏洩する場合

③会社の名誉や信用を損なう行為や、信頼関係を破壊する行為がある場合

④競業により、会社の利益を害する場合

そもそも憲法では、職業選択の自由が規定されています。また、雇用契約上、職務専念の義務を負うのは労働時間のみとなっており、労働時間以外のプライベートの時間をどう使うかというのは個々人の自由です。

そのため、副業について一切禁止するといったような取扱いは、こうした考え方に照らすと難しいと解されています。

10-5

副業に対する制限

 副業はなんでも認められるわけではない

　副業は解禁されたわけですが、その一方で、無制限に副業が認められるわけではありません。

　労働者には、雇用契約に付随して、当然に以下のような義務を負っていると解されており、これらに反する副業は禁止されています（10-2項で提示したものと同じ趣旨です）。

【競業避止義務】
　在職中に使用者と競合する業務を行なわない義務です。
【秘密保持義務】
　使用者の業務上の秘密を守る義務です。
【誠実義務】
　使用者の名誉・信用を毀損しないといった誠実に行動する義務です。
【職務専念義務】
　労働時間中は使用者の指揮命令に従い、その職務に専念する義務です。

　これをもとにまとめると、次のような副業については、企業が禁止することができると解されています（前ページの就業規則のモデル例でも規定されており、8-3項でも提示しています）。

---

①労務提供上の支障がある場合
②企業秘密が漏洩する場合
③競業により、企業の利益を害する場合

---

④企業の名誉や信用を損なう行為や、信頼関係を破壊する行為
　がある場合

副業・兼業への情報公開

2022年7月から、厚生労働省の「副業・兼業の促進に関するガイドライン」が改定され、企業に対して、副業・兼業への対応状況についての情報公開を推奨しています。

情報が開示された場合は、労働者が就労先を選択する際に、副業の可否などを判断材料にしやすくなります。これにより、労働者の多様なキャリア形成も一層叶えやすくなるでしょう。

副業・兼業ができるかは、労働者の企業選びで重視されつつあります。マイナビの2020年の調査では、20代〜50代の転職者の6割以上が「副業可能」の求人に対して「応募意欲が上がる」と答え、副業・兼業を容認している企業への興味が高いことが明らかになりました。

政府の推奨する情報公開が進めば、副業・兼業を解禁した企業に人材が集まりやすくなる可能性もあります。

今後、人手不足が深刻になるなかで、求職者を惹きつける魅力ある企業にしていく必要性を、どこの企業も感じていると思います。

企業として認められない副業内容や、競業にあたる企業のネガティブリストを策定する等、方針を明確にしつつ、一方でそれ以外の副業については、認めていくようなスタイルは、今後も増えるのではないでしょうか。

10-6 フリーランスの知識

 ## 雇われない働き方のフリーランスが増えている

「フリーランス」として働く人が増えています。

　新型コロナの影響で在宅勤務等が増え、通勤時間等が減ったことなどで余剰時間が生まれ、新たな働き方を模索した人が増えたことなども影響していると考えられます。

　人生100年時代を迎えるなか、2021年には高齢者雇用安定法が改正され、70歳までの雇用確保措置（努力義務）に、「70歳まで継続的に業務委託契約を締結する制度の導入」も選択肢として含まれるなど、今後も企業に雇用されることなく、フリーランスとして働く人は増えることが予想されます。

 ## 保障が薄いフリーランス

　フリーランスは、労働者ではないため、通常の社員のように社会保険・雇用保険への加入や労災保険加入等の必要はなく、さらに労働基準法や最低賃金法なども適用されません。

　また、現在の日本の雇用環境では、通常雇い入れた労働者については、労働契約を解消すること、とりわけ解雇などには、その要件が厳しくなっている一方で、業務委託者については、労働者のような契約解消の厳しい規制などはありません。

　そのため企業にとっては、従業員を雇用するよりはフリーランスを活用するほうが、ハードルは相当に低くなります。

　ただし、労働法制が適用されないのは、あくまでも「フリーランスとして企業から指揮命令等を受けず、拘束性もないという実態が確保されている」場合に限ります。

　形式上は、フリーランスとして業務委託契約を結んでいても、その実態は、勤務時間や勤務場所が拘束されていたり、企業から指揮命令されていたりすれば、「**偽装請負**」とみなされ、さかのぼって社会保険の加入義務や、未払い賃金の支払い義務が発生することになります。

偽装請負とは

　「偽装請負」とは、「偽装派遣」「偽装委託」など、発生している事実上の状態は同じであっても、言葉上ではさまざまな名前が存在しているためややこしいかもしれません。

　偽装請負をざっくりいえば、企業で労働者として雇用しているのと変わらない実態があるにもかかわらず、就労形態や契約名を偽装して、本来は労働者に対して果たさなければならない企業としての労働基準法上の責任等を回避しようとすることをいいます。

　つまり、業務委託されたフリーランスが、実質的に自社の労働者と変わらない働き方をしている場合は、この「偽装請負」に該当します。

　「偽装請負」は違法であり、都道府県の各労働局の指導対象、罰則の対象となってしまうことがありますので、企業側としては十分な注意が必要です。

10-7 フリーランスの取扱い

 労働者に該当するか否かの判断基準

　業務委託者が、労働基準法上の労働者に該当するか否かの判断は、以下の基準により行なわれます（昭和60年：厚生労働省「労働基準法研究会報告　労働基準法の「労働者」の判断基準について」より）。

　ただし、最終的な判断は、実態を総合的に確認したうえで行なわれます。

１．指揮監督性についての判断基準
　①仕事の依頼・業務従事の指示等に対する諾否の自由がない
　②業務遂行上の指揮監督がある
　③勤務時間・勤務場所等の拘束性がある
　④他人による労務提供の代替性がある
２．賃金性（報酬の労務対価性）の判断基準
　①報酬が労働時間の長さによって決まる
　②欠勤した場合には報酬から控除される
　③残業をした場合には割増手当が支給される
３．その他の労働者性を補強する要素
　①機械・器具の負担がない
　②専属性が高い
　③社会保険料の控除や所得税の源泉徴収公租公課の負担がある
　④服務規律や福利厚生等の適用がある

　たとえば、具体的に仕事の進め方を企業が決めたり、オフィスに必ず9時から17時まではいるように義務づけたり、報酬を時給で決

めていたりすること等は、偽装請負とみなされるリスクが高くなります。

　また、よかれと思ってＰＣを貸与したり、必要な器具を貸与したり、交通費を負担してあげたりしているという話をよく聞きますが、これらについても注意が必要です。

　これに当てはまっているから、すぐに偽装請負と判断されるということではなく、諸事情を総合的に鑑みて最終的に判断されます。１つがその基準に当てはまっているから、ただちにダメということではないのですが、必要な器具を貸与する場合でも、レンタル料金を徴収したり、交通費は自分で負担してもらったほうが、偽装請負と判断されるリスクは低減します。

広がるフリーランスへの保障施策

【フリーランスの労災保険について】

　フリーランスのセーフティーネット拡充のため、それまで労働者のみが対象であった労災保険について、2021年9月からフリーランスへも対象を広げています。

　そもそも労災保険とは、労働者が業務中にケガをしたり病気になったりした際に治療費や休業補償を給付するもので、企業が労災保険料を全額負担する制度です。2021年9月からは、この労災保険について、いわゆる自転車配達員やＩＴフリーランスの人も任意で加入することが可能となり、業務中のケガや病気が、労災保険による給付の対象となりました（ただし、保険料は個人負担です）。

【フリーランスへのハラスメント対策】

　職場におけるハラスメント防止対策の強化が、2022年4月1日から中小企業に対しても行なわれています。そのため、中小企業においても、ハラスメント防止方針の周知や相談窓口の設置などの取組みが行なわれ、企業のハラスメント防止意識が高まっています。

ジョブ型雇用のしくみ

 ジョブ型雇用とは

　終身雇用制度の崩壊、雇用市場の流動化など、かつての日本企業のやり方が行き詰まりを見せるなか、欧米では一般的な「**ジョブ型雇用**」が注目を集めています。

　日本経済新聞の2022年の調査によれば、上場・有力非上場企業813社のうち11%がジョブ型雇用を導入しているとされ、導入を予定している企業も12%にのぼっています。

　また、就職情報サイト運営の学情の2022年調査では、「ジョブ型採用に興味がある」と答えた学生は68%にものぼったということです。

　「**ジョブ型雇用**」とは、年齢・勤続年数といったものがベースとなる、これまでの日本企業の年功序列的な制度とは、その概念がまったく異なります。

　ジョブ型雇用とは、それぞれの職務や役割に合わせて、その職務に専門性や適性のある従業員を割り当てる考え方です。職務や役割が明確に決まっているため、働く時間・働く場所などの調整も自身で調整しやすいという特徴もあります。

　コロナ禍によるリモートワークの浸透もあいまって、相性のよいジョブ型雇用の活用を検討する企業が増えたのではないかと考えます。

 ジョブ型と日本の法体系の不調和

　欧米型のジョブ型も昨今は、「この業務だけやればいい！」のような極端な契約にはなっていないようですが、通常、ジョブ型雇用を導入した場合、基本的には職務限定契約を締結したような性質と

なります（限定せずに配置転換の可能性等を盛り込む場合もあります）。

しかし、もしその職務（ジョブ）が経営上の事情でなくなった場合や、技術革新で業務が陳腐化した場合等、すぐに整理解雇が可能かというと、日本の判例を踏まえると難しいのが現状です。

または、限定されたジョブがこなせていない場合に、企業からすれば能力不足で退職してもらいたいと考えるのが通常です。しかし、このケースも普通解雇は判例上難しく、かつジョブが限定されているため、へたに人事異動もできないということがあり得ます。

日本で導入する場合の課題

日本において解雇等を行なう場合には、解雇回避のためのできる限りの努力を行なう必要があると解釈されており、職務変更等の人事異動もその1つです。しかし、ジョブ型の従業員のジョブがなくなった場合に、他の職務に変更を行なうといったことが必要になる場合、そもそもそれは本来のジョブ型なのか、という点もやや疑問が残ります

また、ジョブが仮に変更された場合に、大幅に賃金が変動するということも日本の雇用慣行上は難しいと考えられています。

いわゆる賃金減額等の不利益変更を行なう場合には、大幅に減給を行なうと、人事権の濫用とみなされるケースがあり、ジョブごとにドラスティックな賃金体系とすることは、そぐわないとも考えられます。

すでにジョブ型を導入している大企業もありますが、各社のジョブ型のスタイルには、相当の差があると考えています。なかには、ジョブ型といいながら、ほとんどメンバーシップ型という実態のケースもあるようです。

同一労働・同一賃金等、ジョブ型の概念とマッチする法制も始まっており、今後の日本の法制とすり合わせた日本型ジョブ型の展開に注目したいところです。

週休３日制

・・

　政府が2023年６月に決定した「異次元の少子化対策」の戦略方
針に、希望する人が週休３日を選択できる「選択的週休３日制」に
ついて新たに盛り込まれました。すでに大手企業では週休３日制を
打ち出している企業もありますが、まだその広がりは限定的です。

　なお人事院も、2025年４月から国家公務員について週の総労働
時間維持を条件に休日を増やせる「選択的週休３日制」を選択でき
るよう必要な法改正を行なうとしています。

　一概に週休３日制といっても、給与や労働時間の変動のタイプに
よって以下のような種類があります。

	内　容
給与減額型	**所定労働時間が減り、それに比例して給与・業務量も減る** （休日が増える分、業務量や労働時間が減るため、比例して給与も減額されます。たとえば、週所定労働時間を32時間とした場合、給与は通常の80％に減額されます）
給与維持型	**所定労働時間が減るが、給与・業務量は変わらない** （所定労働時間は減るが、給与は減らされません。ただし、制度導入前と同等の生産性を維持するため業務改善が必要です）
総労働時間維持型	**１日の労働時間を延長するため給与・業務量は変わらない** （休日は増えるが、労働日の１日の労働時間を延長するため、労働時間と給与は維持されます。たとえば、週休３日になる代わりに、１日の所定労働時間は８時間から10時間に延長されます）

　就労人口が減るなかで、人材確保は急務となっており、こうした
積極的な労働時間制度の導入は今後、中小企業でも進んでいくもの
と考えます。

さくいん

さくいん

おわりに

本書を最後までお読みいただき、ありがとうございました。

本書のなかでも触れたとおり、労働関連法の内容や働く人々を取り巻く環境は激変を続けており、過去の常識がいまや非常識どころか、もはや法違反にまでなってしまう事態に発展しています。

新型コロナウイルス感染症を契機にしたリモートワークの急速な浸透、地方移住スタイルの実現や海外リモート雇用、副業・兼業の解禁やフリーランス人口の増加、賃金デジタル払いや週休3日制等、新しい働き方や考え方、制度等は次々と生まれ、枚挙に暇がありません。

このようななかで、企業であっても労働者であっても、「労務に関する正しい知識」を身につけるということは、それだけで非常に大きな武器になると考えています。

ハラスメントや給与の未払いといった小さくない労務トラブルであっても、元をたどると、それが悪意のない、純粋な「知らなかった…」に由来することは多く、重要な論点や見方を頭の片隅に入れておくだけで未然に防止できるものは多いと考えています。
就活中の皆さまはもちろん、現在直接には雇用されていないフリーランスや業務委託中の人であっても、働き方を考えるにあたっては、労務の知識が役立つシーンも大いにあるのではないでしょうか。

本書の内容が、皆さまの就労環境を少しでも改善し、企業の成果や生産性を上げ、いますでに働いている人、これから働く人の気持ちを前向きにすることにつながることを、心より願ってやみません。

本書をきっかけに、弊所の継続的なサポートや個々のケースのご相談を希望される方がいらっしゃいましたら、ぜひ巻末に記載の問い合わせ先までご連絡ください。

　寺島戦略社会保険労務士事務所は、戦略的労務相談顧問、スタートアップベンチャー企業のＩＰＯに向けた労務デューデリジェンス、海外進出時の労務整備を特に強みとしています。一つでも多くのご縁があれば幸いです。

　最後に、本書の出版にあたり、以下の方々に心からの御礼を申し上げます。いつも本当にありがとうございます。

- 出会ってから、自分の生き方や働き方、考え方を劇的に変えてくれただけでなく、共著という大きな挑戦の機会を与えてくれた弊所代表の寺島。
- それぞれ強みを活かし協働してくれている、早川、加藤、ほか弊所員一同。
- 企画・編集・執筆支援等多々ご尽力くださったアニモ出版の小林さま。
- 日々のやり取りを通して、社会保険労務士としての自分を成長させてくださっている弊所顧問先の皆さま。

2023年10月　　　　　　　　　　　寺島戦略社会保険労務士事務所

　　　　　　　　　　　　　　　　社会保険労務士　大川　麻美

【執筆者プロフィール】

寺島有紀（てらしま　ゆき）

寺島戦略社会保険労務士事務所 代表、社会保険労務士。一橋大学商学部卒業。新卒で楽天株式会社に入社後、社内規程策定、国内・海外子会社等へのローカライズ・適用などの内部統制業務や社内コンプライアンス教育等に従事。在職中に社会保険労務士国家試験に合格後、社会保険労務士事務所に勤務し、ベンチャー・中小企業から一部上場企業まで、国内労働法の改正対応や海外進出企業の労務アドバイザリー等に従事。現在は、社会保険労務士としてベンチャー企業のＩＰＯ労務コンプライアンス対応から企業の海外進出労務体制構築等、国内・海外両面から幅広く人事労務コンサルティングを行なっている。

著書に『これだけは知っておきたい！ スタートアップ・ベンチャー企業の労務管理』（アニモ出版）、共著書に『Ｑ＆Ａでわかる テレワークの労務・法務・情報セキュリティ』（技術評論社）、『ＩＰＯをめざす起業のしかた・経営のポイント いちばん最初に読む本』（アニモ出版）がある。

大川麻美（おおかわ　あさみ）

寺島戦略社会保険労務士事務所、社会保険労務士。慶應義塾大学文学部卒業。新卒で情報系事業会社に入社後、人事部にて約10年間勤務。労務領域では、社内規程策定および決裁業務、ＥＡＰシステム運営やメンタルヘルス研修開催等を行なう。企画領域では、法改正事項や経営戦略を踏まえた諸制度改定、新卒・キャリア・障がい者採用の企画立案から実行、採用管理システム導入等を経験。在職中に社会保険労務士国家試験に合格後、寺島戦略社会保険労務士事務所に入所。実務経験をベースに、人事課題解決のサポートを行なっている。新規派遣・職業紹介許認可取得や各種助成金に関する相談・申請代行、ＩＰＯに向けた労務デューデリジェンスにも対応。

【寺島戦略社会保険労務士事務所】

千代田区外神田、秋葉原にある海外進出・ベンチャー支援に強い社会保険労務士事務所。企業の経営環境を理解し、プロフェッショナルな労務顧問として、お客様と共に考え、真に必要とされる労務サービスを提供している。顧問契約や各種規程・契約書、人事労務戦略、ＩＰＯ労務コンプライアンス、海外赴任者の労務等、戦略的な労務サポートを提案。Slack、Chatwork等の利用にも対応している。

＜問い合わせ先＞
E-Mail：info@terashima-sr.com
TEL：03-4500-8247
住所：〒101-0021　東京都千代田区外神田4丁目14-1
　　　　　　　　　秋葉原UDX 4 F　　LIFORK秋葉原R10
ＨＰ：https://www.terashima-sr.com

意外に知らない?!
最新 働き方のルールブック

2023年11月15日　　初版発行

編著者　寺島有紀
著　者　大川麻美
発行者　吉溪慎太郎

発行所　株式会社アニモ出版
　　　　〒162-0832 東京都新宿区岩戸町12 レベッカビル
　　　　TEL 03(5206)8505　FAX 03(6265)0130
　　　　http://www.animo-pub.co.jp/

図解でわかる
労働法の基本としくみ

佐藤 広一・太田 麻衣 著　定価 1980円

労務トラブルを未然に防ぐためにも、雇用する人も雇用される人も知っておかなければならない労働法について、1項目＝2ページで、図解を交えてやさしく解説した入門実用書。

これだけは知っておきたい！
人事・労務のしごとの基本

アイ社会保険労務士法人 著　定価 1760円

労働基準法の基礎知識から定例事務のこなし方まで、人事・労務のしごとに必要な実務のポイントをコンパクトに網羅。テレワークにも対応した、すぐに役立つ必携ハンドブック！

スタートアップ・ベンチャー企業の
労務管理

寺島 有紀 著　定価 1980円

初めての従業員雇用からIPO準備期の労務コンプライアンスまで、ベンチャー企業の成長フェーズごとに体系立てて、ケーススタディを交えながら実務的にやさしく解説した本。

IPOをめざす起業のしかた
経営のポイント いちばん最初に読む本

寺島 有紀・加藤 広晃 著　定価 2200円

会社設立で知っておきたい必須知識から株式上場に欠かせない財務・経理、労務の要点まで、やさしくわかる実践ガイド。株式上場をめざす積極的な起業家にぜひ読んでほしい1冊！